»Kaum ein Mensch hat mich in meinem Schreiben, aber auch in meinem Umgang mit meinen eigenen Kindern so geprägt wie Jesper Juul. Er hatte die Gabe, in Worte fassen zu können, was sich oft schwer greifen lässt: Dass Kinder von Autoritäten profitieren, die nicht autoritär sind. Sondern authentisch, klar und selbstbewusst.« *Nora Imlau, Autorin, Journalistin und Speakerin für Familienthemen*

»Zu viel Angst, zu wenig Selbstvertrauen: Familientherapeut Jesper Juul ermutigt Eltern, wieder mehr die Führungsrolle in der Familie zu übernehmen.« *Brigitte*

»Mit *Leitwölfe sein* hat Jesper Juul ein Standardwerk geschaffen, das vereint, was in den Augen vieler Eltern auf den ersten Blick unmöglich scheint: Kindern auf Augenhöhe Führung schenken. Eine absolute Empfehlung für alle, die Kinder bedürfnisorientiert ins Leben begleiten möchten.« *Isabel Huttarsch, Autorin, www.mamapsychologie.de*

»Jesper Juul formuliert in seinem Leitwölfe-Buch eine Vision für die Gesellschaft: Wenn sich in den Familien eine bessere Führungskultur etabliert, lassen sich die Lebensbedingungen für alle verbessern. Für Eltern gilt wie für Manager und Politiker: Führung darf nicht mit Macht verwechselt werden.« *Tanja Zech, T-Online*

»Das anregende Buch ist kein simpler Ratgeber, sondern überlässt es dem Leser, die passenden Schlüsse zu ziehen.« *Hörzu*

»Wenn ich Jesper Juuls Bücher lese, dann haben seine Worte kein bisschen an Aktualität verloren, ganz im Gegenteil. Jedes Mal, wenn ich erlebe, wie Gleichwürdigkeit in unserem Alltag gelebt wird, dann sehe ich, wie seine Arbeit weiterwirkt.« *Heidy de Blum, Leiterin familylab Deutschland*

»Das Buch ist (…) weniger ein herkömmlicher Erziehungsratgeber als eine Gesellschaftsanalyse. Juul versucht zu ergründen, wo die

Probleme heutiger Eltern und ihrer Kinder liegen und woher diese kommen. Auch Lösungen hält der Erziehungsexperte parat, wobei er sich in *Leitwölfe sein* vor allem auf die Haltung der Erwachsenen gegenüber ihren Kindern konzentriert.« *Heike Le Ker, Spiegel online*

»Jesper Juul ist Europas gefragtester Pädagoge der Gelassenheit.« *Die Zeit*

»Besonders gewandelt hat mich die Zeit, die ich ab 2008 mit dem dänischen Familientherapeuten Jesper Juul verbringen durfte. Er hat mich gelehrt, was Gleichwürdigkeit bedeutet. Ich musste lernen, wie ich es leben kann.« *Sandra Teml-Wall, Eltern- und Familienberaterin, Autorin*

»Der Erziehungsratgeber (...) eignet sich für alle (werdenden) Eltern, die sich mit ihrer Rolle als Leitwölfe auseinandersetzen wollen und dabei auf vorgekaute Theorien und To-do-Listen gerne verzichten können.« *Christiane K., www.lol-mehr-vom-leben.de*

»Jesper Juul hat mit seinen Erkenntnissen aus jahrzehntelanger Arbeit mit Familien mein Leben sowohl als Mutter unendlich bereichert, als auch meine Haltung in der Familienberatung. Klarheit in der Kommunikation und liebevolle Begleitung von Kindern schließen einander nicht aus, sondern bedürfen einander!« *Linda Syllaba, Autorin und Lifecoach*

»Jesper Juul gelingt es, über das, was er wie schreibt, mit mir in Beziehung zu treten. Ich füge hinzu: in eine gleichwürdige Beziehung! Er macht mich, den manchmal verunsicherten Vater, den oft verunsichernden Lehrer, den nach Sicherheit Suchenden, nicht falsch. Nein, ich fühle mich in all meinen Facetten gesehen, wertgeschätzt, eingeladen.« *Andreas Reinke, Lehrer, familylab-Seminarleiter, Autor*

»Eltern lieben Jesper Juul dafür, dass er Auswege aus den Erziehungsfallen der Gegenwart eröffnet.« *Frankfurter Allgemeine Sonntagszeitung*

JESPER JUUL

Leitwölfe sein

Liebevolle Führung in der Familie

BELTZ

Herausgeber: Mathias Voelchert
Übersetzung, Lektorat und Verschriftlichung: Nuka Matthies
Übersetzung der Einleitung: Ursula Bischoff

MIX
Papier | Fördert gute Waldnutzung
FSC® C089473

Dieses Buch ist erhältlich als:
ISBN 978-3-407-86805-3 Print
ISBN 978-3-407-86806-0 E-Book (EPUB)

13. Auflage 2025

in der Verlagsgruppe Beltz • Weinheim Basel
Werderstraße 10, 69469 Weinheim
service@beltz.de

Umschlaggestaltung: www.anjagrimmgestaltung.de
Umschlagabbildung: Kleiner Wolf: © Julia Remezova/Shutterstock;
Großer Wolf: © Eric Isselee/Shutterstock
Lektorat: Petra Dorn
Herstellung: Sarah Veith
Satz: Publikations Atelier, Weiterstadt
Druck und Bindung: Beltz Grafische Betriebe, Bad Langensalza
Beltz Grafische Betriebe ist ein klimaneutrales Unternehmen (ID 15985-2104-1001)
Printed in Germany

Weitere Informationen zu unseren Autor:innen und Titeln
finden Sie unter: www.beltz.de

Inhalt

Vorwort von Susanne Mierau

Jesper Juul hat eine ganze Generation von Eltern geprägt, die sich auf einen neuen Weg der Elternschaft begeben haben: Er hat uns an die Hand genommen, um uns sicher über den oft schwierigen Weg zu begleiten, aus der negativen Erziehungsvergangenheit kommend zu einem demokratischen Erziehungsstil zu gelangen. Ein neuer Stil, wo Kinder nicht als Objekte, sondern als Subjekte betrachtet werden, und Familien als System geachtet werden, in dem die Bedürfnisse aller bedeutsam sind. Viele junge Menschen konnten durch seinen Grundsatz der Gleichwürdigkeit in den Genuss sicherer, stabiler Familienbeziehungen kommen.

Noch vor 75 Jahren sind Kinder in einer völlig anderen Lebensrealität aufgewachsen, als sie es heute tun. Nicht nur, was die Rahmenbedingungen der Ernährung, der Bildung und des Spiels betrifft, sondern auch in Bezug auf den Umgang von Eltern und anderen Erwachsenen mit diesen Kindern. In den letzten Jahrzehnten hat sich unser Wissen dazu, wie sich Menschen entwickeln, wie die menschliche Persönlichkeit entsteht und welche enorme Bedeutung die frühen Beziehungen auf unser gesamtes Leben ausüben können, dramatisch verändert. Nach und nach sickerte das Forschungswissen aus Pädagogik, Psychologie, Neurowissenschaften und Medizin in den Elternalltag und veränderte den Blick auf das Kind, auf den alltäglichen Umgang mit Kindern in der Familie und Institutionen bis hin zum Schutz des Kindes vor Gewalt durch die Gesetzgebung. Obwohl wir innerhalb dieser in Anbetracht der gesamten Menschheitsgeschichte wirklich kurzen Zeitspanne viele Erkenntnisse gewonnen haben und das Familienleben durch sie enorm positiv verändert wurde, stehen wir in vielen Bereichen noch am Anfang einer neuen Zeit des Begleitens von Kindern und des Familienlebens.

Erziehung wandelt sich durch neue Erkenntnisse, aber auch durch die Veränderung unseres Lebens und unserer Umwelt. Das hat sie schon immer getan und wird es weiter tun, weil genau dies ein Teil unserer evolutionären Erfolgsgeschichte ist: Als Menschen haben wir die gesamte Welt bevölkert, weil wir zwar überall auf der Welt mit der nahezu gleichen biologischen Ausstattung als physiologische Frühgeburten geboren werden, aber uns aufgrund der Plastizität unseres menschlichen Gehirns in den ersten Jahren durch das, was wir erleben, optimal an die jeweilige Umgebung anpassen, in der wir leben. Ändert sich unsere Umgebung, verändern sich die Individuen darin; sie passen ihr Verhalten an die neuen Herausforderungen an, so gut es geht. Aktuell verändert sich unsere Welt sehr schnell. Wir sprechen von Klimaanpassung, also der Anpassung unseres Lebens und Alltags an die globale Erwärmung, wobei aktuell der Schwerpunkt der Klimaanpassung noch auf Wirtschaft und Infrastruktur liegt und weniger die Art unseres Zusammenlebens in den Blick genommen und der Frage nachgegangen wird, wie sich auch das Familienleben ändern wird, weil sich unsere Umwelten mehr und mehr verändert.

Schon seit Jesper Juuls Tod 2019 gab es einschneidende und nachhaltige Ereignisse, von denen er – mit Ausnahme der Klimakrise – nichts ahnen konnte: Corona, eine Verschärfung der Klimakrise, Krieg in Europa. Die Herausforderungen sind seither nicht abgebrochen: (Kinder-)Armut, Starkwetterereignisse, Kriege, die Care-Krise mit ihren Auswirkungen auf Bildung und Betreuung, Zeitmangel und Rückschritte in der Gleichberechtigung prägen unsere Zeit und damit das Aufwachsen unserer Kinder und unser Elternsein. Während noch immer nicht in alle Haushalte das Wissen vorgedrungen ist, dass es nicht nur ein Recht auf gewaltfreie Erziehung gibt, sondern wie der Verzicht auf psychische und physische Gewalt auch umgesetzt werden kann, müssen wir uns gleichzeitig dem drängenden Thema stellen, wie wir unsere Kinder für den Umgang mit diesen Krisen stärken und ihnen eine Sicherheit mitgeben, die sie für die ungewisse Zukunft stützt. Durchaus hängen diese beiden Themenkomplexe zusammen, aber es ist für viele heutige Eltern schwer, Kinder liebe- und respektvoll zu begleiten und ihnen gleichzeitig als ihre Bezugspersonen Sicherheit und Stärke zu vermitteln. Gerade wenn wir selbst Unsicherheit verspüren ob der Probleme unserer Zeit, erscheint es vielen Eltern schwer, dennoch zielsicher und vertrauenswürdig vorzugehen. Jesper Juul hat mit dem Begriff der »Leitwölfe« ein Bild für Elternschaft kreiert, das wir deswegen heute mehr denn je brauchen.

Betrachten wir das Verhalten frei lebender Wolfsrudel, sehen wir Familienverbände, in denen Lebewesen unterschiedlichen Alters zusammenleben und füreinander sorgen. Zwar gibt es darin die beiden Alphatiere des Leitwolfes und der Leitwölfin, die die Nachkommen des Rudels zeugen, aber anders als oft gedacht, sind diese beiden Alphatiere keine ständig kämpfenden Lebewesen, die dauernd ihre Position verteidigen müssen: Sie sind vielmehr natürliche Autoritäten, die sich liebevoll um ihren Nachwuchs kümmern und für ein friedliches Miteinander innerhalb der Gruppe sorgen. Wenn Konflikte innerhalb des Rudels auftreten, werden diese in der Regel gewaltfrei gelöst. Welpen genießen in ihrem Rudel viele Freiheiten des körperlichen und sozialen Erprobens. Leben Wölfe hingegen in Gefangenschaft mit zu wenig Freiraum in aufgezwungener Gemeinschaft, kommt es durchaus zu Aggression und Kampf innerhalb der Gruppe. So schwierig oft Vergleiche und Übertragungen zwischen Tieren und Menschen sind, ist das Sinnbild des frei lebenden Wolfsrudels passend gewählt für die Art von Familienleben, die wir heute anstreben sollten.

Für den Aufbau der für unsere Zeit so wichtigen Resilienz, der psychischen Widerstandsfähigkeit gegenüber Krisen, ist es wichtig, dass Kinder sowohl respektvoll und demokratisch behandelt werden, als auch sichere Bezugspersonen haben, die sie schützen, begleiten und ihnen vermitteln, wie die Welt funktioniert und welche Grenzen sie hat. Je nachdem, welchen Belastungen wir in unserem Leben – und ganz besonders der eigenen Kindheit – ausgesetzt waren, haben wir Eltern manchmal Schwierigkeiten darin, die benötigte Nähe zu schenken, unseren Kindern Freiheit zu ermöglichen und/oder sie zu halten und bei Bedarf zu lenken. Doch all diese Aspekte sind Teil von Elternschaft – sie sind quasi Bestandteile der »Jobbeschreibung Elternschaft«. Kinder brauchen all diese Dinge, damit sie sich heute in ihrer Welt zurechtfinden, aber auch morgen die Chancen haben, aktiv ihr Leben zu gestalten. Wenn wir der Frage nachgehen, welche Kompetenzen Menschen für das 21. Jahrhundert benötigen, gehen wir heute vom 4K-Modell aus: Kommunikation, Kollaboration, Kreativität und kritisches Denken sind die wesentlichen Eigenschaften, die Zukunftsfähigkeit bedeuten. Die in uns als Menschen angelegte Beziehungsfähigkeit, die die Basis unseres Lebens und Wachsens ist, dürfen wir nicht durch Strenge, Machtgefälle und Strafen untergraben. Vielmehr müssen wir sie ausbauen, sodass Kinder lernen, wie Zusammenarbeit funktioniert, wie Menschen gut miteinander kommunizieren und wie sie durch Sprache Konflikte lösen können. Anstatt vorgegebenen Schritten zu folgen, wird Kreativität bedeutsam sein, damit aus den vorhandenen Ressourcen bestmöglich geschöpft werden kann. Hierfür brauchen Kinder Leitwölfe, die sie einbeziehen in den Alltag, ihnen Raum geben zum Be-Greifen der Welt und zum Sammeln von Erfahrungen und ihnen gleichsam Vorbild sind. Und sie dann, wenn es nötig ist, in die richtige Richtung weisen.

Als dieses Buch 2016 in deutscher Sprache erschien, setzte sich Jesper Juul mit der Frage auseinander, ob er als Mann ein speziell an Mütter gerichtetes Buch schreiben dürfte. Der Frage nach den Leitwölfinnen und ihren gesellschaftlichen Rahmenbedingungen geht er in diesem Buch nach. Auch wenn es aus feministischer Sicht durchaus auch

Kritikpunkte an einzelnen Stellen seiner Sicht der Entwicklung von Rollenbildern und der aktuellen Machtverhältnisse zwischen Frauen und Männern gibt, hat er sich nicht nur hier, sondern generell immer wieder dafür ausgesprochen, dass Mütter die erlernten Ideale und die gesellschaftlich eingeforderte Anpassung und Unterordnung hinter sich lassen und ihr Selbstwertgefühl stärken. Ebenso wie Väter wieder Zugang zur Emotionalität und Sanftheit erlangen sollten und nicht bei der Erziehung von Kindern *helfen*, sondern aktiv daran mitwirken und Verantwortung und Einsatz zeigen. Als Vertreter des Glaubens daran, dass alle Bedürfnisse im Familiensystem wichtig sind und eine Balance angestrebt werden solle, ging es Jesper Juul um Gleichwürdigkeit innerhalb der Familie – nicht nur zwischen Elternteil und Kind, sondern zwischen allen Familienmitgliedern. Ich bin mir sicher, würde er heute noch schreiben, würde er nach den Belastungen der Pandemie, die besonders Mütter trafen, und mit Blick auf die prekäre Lage der außerfamiliären Betreuung und Bildung, die ebenso wieder besonders Mütter betrifft, die Machtverhältnisse zwischen den Geschlechtern noch einmal anders hervorheben. Er würde die Gesellschaft zum Handeln auffordern, da die Balance innerhalb von vielen Familien durch die bestehenden Strukturen zu sehr aus dem Gleichgewicht gerät. Wir wissen heute unter anderem aus den Neurowissenschaften gesichert, dass das fürsorgliche Umsorgen keine Frage des Geschlechts ist und dass Umsorgen dort entsteht, wo sich Menschen um Kinder kümmern und sich die Zeit dafür nehmen bzw. sie bekommen. Auch in diesem Punkt ist Jesper Juuls Buch daher weiterhin aktuell. Es weist uns die Richtung, Kinder nicht nach überholten

Rollenbildern zu erziehen, nicht in die Rosa-Hellblau-Falle zu tappen, sondern ihnen mit Offenheit und Toleranz zu begegnen, um sie für eine Welt großzuziehen, in die sie diese Werte hineintragen. Eine Welt, in der sie die persönliche Integrität eines jeden Einzelnen achten, weil sie dies selbst erfahren durften.

In einer Zeit, in der Ungewissheit herrscht und wir mit vielen Herausforderungen konfrontiert sind, fehlt die Stimme Jesper Juuls als Verbündeter der Kinder und Jugendlichen und als Pädagoge, der sich für einen neuen Blick auf Elternschaft und institutionelle Betreuung eingesetzt hat. Seine Worte hallen in diesem und seinen anderen Büchern nach. Nun kommt es auf uns an, auf dich und mich, seine Worte nicht in Vergessenheit geraten zu lassen und am Prinzip der Gleichwürdigkeit festzuhalten, es individuell zu leben und hinauszutragen in die Welt an seiner statt.

Susanne Mierau

Einleitung

Unsere Welt verändert sich schneller als jemals zuvor. Wir alle versuchen verzweifelt, Schritt zu halten und für uns selbst und unsere Kinder Anpassungsmöglichkeiten an den Wandel zu finden. Die gute Nachricht ist, dass wir dabei oft erfolgreich sind. Die Smartphones, Tablet-PCs, Apps und andere elektronischen Geräte, die heute im Umlauf sind, und ihr Einfluss auf das Leben sowohl des Einzelnen als auch der Familie sind anschauliche Beispiele. Wir haben die kritische, besorgte und defensive Haltung, die noch vor zehn Jahren im Hinblick auf die Fülle der technologischen Neuerungen vorherrschte, hinter uns gelassen und einen Punkt erreicht, an dem Schulkinder angespornt werden, sich auf elektronikfreie Tage oder Wochen einzulassen, und Familien spannende und wohltuende Mittel und Wege ersinnen, die Zeiten zu beschränken, in denen jeder den Blick auf das eigene Display heftet. Sehr viele entdecken den Wert der persönlichen Interaktion aufs Neue, und wenn Eltern den Mut haben, neue Maßstäbe zu setzen, folgen die Kinder bereitwillig.

Seit mehr als einer Generation versuchen die Gesellschaft als Ganzes und auch die meisten ihrer einzelnen Mitglieder, die Tatsache zu verarbeiten, dass heute jeder von uns – ungeachtet des Lebensalters – erheblich stärker, kompetenter und selbstbestimmter ist, als es früher möglich schien. Meine eigene Generation hat bedeutende Veränderungen in der Altenpflege auf den Weg gebracht, Kindergärten und Schulen sehen sich zu einem Kurswechsel in ihren Denk- und Verhaltensweisen gezwungen, und auch die Ehe und andere Liebesbeziehungen zwischen Erwachsenen fordern einen Einstellungswandel.

Die Suche nach einem gesunden Gleichgewicht zwischen unserem Wunsch nach Kooperation und Anpassung einerseits und dem Bedürfnis nach Integrität und persönlichen Grenzen andererseits ist heute mehr denn je in den Fokus der Aufmerksamkeit gerückt. Sind wir zu individuell und egozentrisch geworden oder gestatten wir uns noch Sozialisationsprozesse, die auch Kummer und Enttäuschungen mit sich bringen? Diese Suche ist eine große existenzielle Herausforderung, und viele Kinder, die verhätschelt und von den Eltern zum absoluten Mittelpunkt ihrer Lebenswelt gemacht wurden, halten nun – inzwischen erwachsen geworden – nach Möglichkeiten Ausschau, einen Beitrag zum Wohl anderer zu leisten. Sie und wir alle wissen, dass auch heute die Mehrzahl der Kinder auf Unterstützung und Ermutigung angewiesen ist, um ihr Potenzial voll zu entfalten.

Erziehungswissenschaftler, Pädagogen, Leute wie ich streiten über viele Themen, jedoch über eine Tatsache nicht. Bei diesem Thema gibt es keinen Zweifel und keine Debatte: *Kinder brauchen Führung durch Erwachsene.* Das wissen wir, weil es Kindern, die ohne diese Führung leben, schlecht geht – ob sie allein sind, nur unter anderen Kindern oder mit

Eltern, die nicht führen können oder wollen. Eine Mutter hat mir einmal geschrieben, dass ihre zweijährige Tochter morgens nicht in den Kindergarten wollte. Wenn das Mädchen im Kindergarten ankam, ging alles wunderbar, aber vor der Fahrt dorthin weigerte sie sich, ins Auto zu steigen. Eines Tages hat die Mutter zufällig drei oder vier Gummibärchen im Auto gefunden und gesagt: »Wenn du jetzt kommst, kriegst du die Gummibärchen.« Zu der Zeit, als die Mutter mir den Brief schrieb, forderte ihre Tochter schon mindestens zweihundert Gramm Gummibärchen, wenn sie ins Auto einsteigen sollte, und die Mutter fragte: »Was mache ich jetzt?« Wir wissen alle, dass innerhalb weniger Monate die Gummibärchen nicht mehr funktionieren werden. Wie macht man das in einem solchen Fall mit der Führung? Die Antwort ist im Grunde einfach und trotzdem schwierig. Es geht darum, seine Kinder kennenzulernen, ihre persönlichen Grenzen kennenzulernen, sich diesen gegenüber respektvoll zu verhalten und mit seinen Kindern so authentisch wie möglich umzugehen. Das ist das Thema dieses Buches.

Kinder brauchen Eltern als Leitwölfe, damit sie sich im Dickicht des Lebens zurechtfinden. Sie brauchen Eltern, die manchmal – es gibt da keine genaue Zahl – klare Signale senden. Wir sehen heute viele Familien, in denen die Eltern so große Angst haben, ihren Kindern zu schaden oder sie zu verletzen, dass die Kinder zu Leitwölfen werden. Und die Eltern streifen orientierungslos durch den Wald. Meine Generation hat noch geglaubt, es sei ganz einfach. Wir dachten, wenn wir einfach das genaue Gegenteil dessen leben, was unsere Eltern gemacht haben, sei alles okay. Doch es war nicht alles okay, und auch die Männer und Frauen, die heute Eltern werden, haben kaum eine Vorstellungen davon, wie man als Familie so zusammenleben kann, dass alle zu ihrem Recht kommen. Man kann natürlich als Individuum sehr starke Wertvorstellungen mitgebracht haben – aus der eigenen Familie oder aus der Gegend, dem Land oder der Kultur, aus denen man stammt –, aber eine gemeinsame deutsche, bayerische oder dänische Sammlung von Werten gibt es nicht. Das macht das Leben natürlich schwieriger. Entweder lebt man als Familie von Konflikt zu Konflikt, was dahin führt, dass es eine Riesennachfrage nach Lösungen gibt, die es nicht geben kann. Oder man muss reflektieren und nachdenken. Man muss sich miteinander unterhalten, und man muss sich fragen: Was will ich als Basis für meine Familie, was will ich als Fundament für unser gemeinsames Heim? Und was finde ich so wertvoll, dass ich es meinen Kindern gern mitgeben möchte, weil ich glaube, dass es auch in zwanzig oder fünfzig Jahren noch wertvoll sein wird? Diese Fragen sind einfach zu stellen, aber sie sind nicht einfach zu beantworten. Und wie jede Krise bringt auch diese sowohl Leid als auch Potenzial für Wachstum und Veränderung mit sich.

Das Grundgeflecht jeder Gesellschaft ist die Familie. Ungeachtet der Vielfalt der Familienkonstellationen und der hohen Scheidungsraten handelt es sich um Beziehungen, die auf dem Fundament der Liebe errichtet sind. In Europa konnten wir eine allmähliche Entwicklung von dem, was ich »Wir-Familie« nenne, zur »Ich-Familie« beobachten. Jedes einzelne Familienmitglied hat heute Zugriff auf die unendlichen Chancen einer globalen Welt und somit auf lebenslange, folgenschwere Wahlmöglichkeiten. Die Qualität dieser Wahlmöglichkeiten hängt weitgehend vom Selbstwertgefühl und den Leitwerten ab, die im Verlauf der Entwicklung vielleicht durch neue ersetzt werden oder langfristig Bestand haben. Eine Fülle von Faktoren – auf ökonomischer, soziologischer, psychologischer und demografischer Ebene – trieb diesen Prozess des Wandels voran.

In einigen Ländern werden inzwischen erste Anzeichen sichtbar, dass Menschen nach Möglichkeiten suchen, die Ich-Familie anzupassen, um sich auf neue Weise in die eigene erweiterte Familie, in die lokale Gemeinschaft, in Migranten- und andere soziale Gruppen einzubringen. Die wirtschaftlichen Umstände legen nahe, sich eingehender mit der Betreuung unserer älteren Mitbürger zu befassen, und alle diese Bestrebungen setzen voraus, dass wir über Begriffe wie »Gebende« und »Nehmende« hinausdenken. Es gilt, neue Wege einzuschlagen, um Werte und Prinzipien wie die Würde des Menschen, persönliche Grenzen, Authentizität und Empathie in unser Denken und Handeln einzubeziehen.

Ein Text in diesem Buch (Kapitel 7) greift die Frage auf, ob wir uns tatsächlich dafür einsetzen, Stärke und Gesundheit unserer Kinder zu fördern. Das Gleiche gilt für Erwachsene. Die politische Agenda in Europa verlangt Leistung, Wettbewerb und Individualismus, die bekanntlich extrem ungesund für Kinder *und* Erwachsene sind. Um uns nicht an diese sozialen Normen automatisch anzupassen, brauchen wir klare Wertvorstellungen. Wenn das Fundament einer Gesellschaft sich ändert, müssen auch die alten Begriffe einer Untersuchung unterzogen und gegebenenfalls neu definiert werden: persönliche Autorität, individuelle Verantwortung (Kapitel 1), die Paradoxie der Macht (Kapitel 8). Wie gelangen wir zu den Maximen, die unser Leben bestimmen sollen? Nach wessen Vorstellungen wollen wir leben? Salopp gesagt: Wer ist hier der Bestimmer?

Seit im Zuge der antiautoritären Bewegung und des Kampfes der Frauen um Gleichberechtigung in den Siebzigerjahren die traditionelle westliche Kernfamilie sich aufzulösen begonnen hat, steckt das Konzept elterlicher Führung in einer Art Identitätskrise. Früher war die Sache klar: Der Patriarch führte die Familie an. Der Chef führte die Firma, der Lehrer bestimmte, was in der Schule passierte. Es besteht kein Zweifel, dass die Auflehnung gegen den autoritären Führungsstil von Staatsoberhäuptern, Regierungen, Bürokraten, Lehrern , Eltern und anderen unumgänglich war. Sie hatte zahlreiche positive Auswirkungen sowohl auf die Gesellschaft als auch auf das Individuum. Vor allem aber sorgte sie dafür, dass das grundsätzliche Konzept von Macht unter die Lupe genommen und seine innere Logik infrage gestellt wurde. Als diese politisch motivierte Bewegung von Menschen weitergedacht wurde, deren Rollen nicht durch Politik, sondern durch psychologische und existenzielle Aspekte geprägt waren – beispielsweise von Lehrern und Eltern, die Verantwortung für die gesunde Entwicklung von Kindern und Jugendlichen trugen –, warf das eine Menge Fragen auf und führte zu tiefer Verunsicherung. In den Achtziger- und Neunzigerjahren wurde deutlich, dass die politische Alternative zur Autokratie – die Demokratie – zwar eine konstruktive Zusammenstellung von Werten darstellte, dass sie aber nicht ausreichte, um die Menschen an der Macht mit neuen und besseren Leitlinien, Werten und Verhaltensweisen zu versorgen.

Was dann geschah, war, dass sowohl die öffentliche Debatte als auch die persönlichen Überlegungen von Erwachsenen in einer gegensätzlichen Begrifflichkeit gefangen waren: Es gab »autoritär« als das eine Extrem und die faire oder »freie« Zusammenarbeit als das andere. Und »demokratisch« lag irgendwo dazwischen. Es stellte sich jedoch heraus, dass sich das grundlegende Bedürfnis nach Nähe sowie nach persönlicher und gemeinschaftlicher Entwicklung sowohl von Erwachsenen als auch von Kindern in keinen dieser Begriffe fassen ließ. Das bedeutet, dass wir quer denken mussten, um eine wirkliche Alternative formulieren zu können. Wir mussten einen anderen Blickwinkel einnehmen und ein neues Paradigma schaffen.

In den letzten dreißig Jahren sind die Werte und der Kern dieses Paradigmas immer klarer geworden – dank der Millionen Eltern und Pädagogen, die ihr Leben und ihre Arbeit der Aufgabe gewidmet haben, herauszufinden, wie Kinder und Erwachsene besser zusammenleben und -arbeiten können. Das Feedback der Kinder – sowohl ihre Aussagen als auch ihr Verhalten – hat dabei einen unverzichtbaren Beitrag geleistet. Parallel dazu wurden insbesondere in der Neurowissenschaft, in der Familientherapie und in der Entwicklungspsychologie wichtige Erkenntnisse gewonnen, die Daten und Perspektiven von unschätzbarem Wert liefern. Ich hatte das Privileg, Teil dieser Veränderung sowohl aufgrund meines Berufes als auch als Vater und Großvater zu sein. Und obwohl der Veränderungsprozess gerade erst begonnen hat, möchte ich in diesem Buch versuchen, einige Erkenntnisse und Leitlinien zu formulieren. Ich hoffe, dass diese Ihnen als Eltern, aber auch anderen Menschen, die sich mit der Führungsaufgabe von Erwachsenen beschäftigen – egal ob sie Erfahrene oder Neulinge sind –, als Inspiration dienen.

Ein zentraler Punkt ist, wie oben schon gesagt, »die Frauenfrage«, die seit den Sechzigerjahren virulent und immer noch nicht gelöst ist. An vielen Veränderungen habe ich sowohl im Beruf als auch in meinem Privatleben stets auch als Partner von Frauen teilgenommen – und werde seit vielen Jahren gebeten, ein Buch über Mütter zu schreiben. Das habe ich immer abgelehnt, einfach aufgrund der Tatsache, dass ich weder Frau noch Mutter bin und mein Wissen daher bestenfalls aus zweiter Hand stammt. Andererseits habe ich so viele Jahre als Therapeut, Berater und Pädagoge mit Müttern, Kolleginnen, Lehrerinnen und vielen anderen Frauen gearbeitet und dadurch ein ziemlich umfassendes Verständnis und Einfühlungsvermögen für weibliche Sichtweisen entwickelt, dass ich jetzt beschlossen habe, dass es vielleicht in Ordnung ist, darüber zu schreiben. Ich möchte das als solidarischen Beitrag aus der Perspektive eines Mannes verstanden wissen. Meine unmittelbare Inspiration dazu waren die Titelseite des Time-Magazins (21. Mai 2012), wo eine Mutter ihren sechsjährigen Sohn stillt, und all die Turbulenzen, die dieses Cover über lange Zeit verursacht hat. Meine wahre Motivation sind jedoch die oft sehr vereinfachte Art und Weise, wie Mütter in den Medien dargestellt werden, und die Erfahrung, dass Frauen und Mütter jede Unterstützung von außen brauchen, die sie nur bekommen können, um ein erfülltes Leben für sich selbst zu schaffen und dadurch so gute Partnerinnen und Mütter zu sein, wie es ihnen möglich ist.

Die Verschiebung der Geschlechterrollen und der Kampf beider Geschlechter um eine zeitgemäße, für alle Familienmitglieder beglückende und befriedigende Neudefinition hängen eng mit der Frage der elterlichen Führung zusammen, die im Zentrum dieses Buches steht. Neue Antworten auf alte Fragen müssen her, die für keinen der Beteiligten leicht zu finden sind und die auch schmerzhafte Prozesse einschließen. Wenn Sie eine Frau sind, hoffe ich, dass Sie meine Fürsorge und Wertschätzung hinter dem spüren können, was Sie vielleicht als harte oder kritische Aussagen wahrnehmen. Und wenn Sie ein Mann sind, ermutige ich Sie, einen ernsthaften Blick auf Ihre eigene Rolle zu werfen und den Einfluss zu sehen, den Sie als Sohn, Liebhaber, Partner und Elternteil haben. Denn auch wenn einige Elemente des Phänomens, das Frauen und Mütter an der Entfaltung ihres vollen menschlichen und zwischenmenschlichen Potenzials hindert, in einem sozialen und politischen Kontext einfach zu erklären sind, gelten diese Phänomene auch für Männer, wenn auch aus anderen Gründen, worauf ich in Kapitel 4 und 6 eingehen werde.

In einfachen Worten bedeutet ein neues Paradigma eine neue Perspektive. Statt die Dinge aus dem ewig gleichen alten Winkel zu betrachten, wählen wir einen neuen Blickwinkel, und indem wir das tun, sehen wir Neues und machen überraschende Entdeckungen. Aufregend, nicht wahr? Die Realität scheint zu sein, dass Menschen generell konservativ und sogar nostalgisch sind, und die Tatsache, dass das menschliche Gehirn in Gegensätzen statt in Alternativen denkt, macht es nicht einfacher, neue Perspektiven vorzuschlagen. Dennoch möchte ich in diesem Buch genau das tun.

Sie werden sich fragen, warum ich mein Buch mit dem Motiv der Leitwölfe überschrieben habe. Wölfe, das klingt nach Alphatier und Aggression und gerade nicht nach Harmonie und Ausgewogenheit. Doch je mehr die Wölfe wieder nach Europa vordringen, desto mehr wandelt sich das Bild vom Wolf auf faszinierende Weise. Früher galten Wölfe als böse und gefährlich, heute weiß man, dass sie über ein hohes Maß an sozialer Intelligenz verfügen. Vor allem fasziniert mich der neue Blick auf die intelligente Führungsstrategie dieser Tiere, denn sie sind absolut familienorientiert und leben in einer Art klassischer Großfamilie. Es ist für sie eine Überlebensfrage, ihrer Gruppe gut funktionierende Anführer zu sein und sie zusammenzuhalten. Ich denke, der Schlüssel für erfolgreiche Familien heißt bei Menschen wie bei Wölfen: Beziehung und Vertrauen. Vom Familienleben der Wölfe können wir viel lernen, und der Begriff Leitwolf ist für mich positiv besetzt.

Und noch etwas: Falls Sie die Hoffnung haben, dass ich in dem folgenden Text irgendeine Methode beschreibe, werden Sie enttäuscht werden. Es gibt kein Patentrezept, wenn es um menschliche Beziehungen geht, und die Leute, die das behaupten, sind eher gute Marketingleute als Menschen mit Beziehungs- oder Fachkompetenz. Am Ende entscheiden Sie. Wir leben in einer Welt, in der es nicht nur möglich geworden ist, persönliche Entscheidungen zu treffen – es ist notwendig geworden! Entscheidungsfreiheit bringt persönliche Verantwortung mit sich, und ich hoffe, dass Sie ein bisschen mehr über sich selbst wissen, wenn Sie die folgenden Seiten gelesen haben.

1

Kinder wollen Erwachsene, die die Führung übernehmen

Woher wissen wir das? Wir wissen es aus Erfahrung: Kindern, die in Familien aufwachsen, in denen es keine oder nur ungenügende Führung durch Erwachsene gibt, geht es nicht gut, und sie können sich nicht richtig entwickeln. Dafür scheint es zwei Gründe zu geben. Der eine ist, dass Kinder zwar ihre Wünsche und Gelüste gut kennen, sie sich aber ihrer grundlegenden Bedürfnisse nicht bewusst sind. Der andere Grund ist, dass man qualifizierte Anleitung braucht, um sich an eine Kultur anzupassen – an welche Kultur auch immer, sowohl in der Gesellschaft als auch innerhalb der Familie. Mit anderen Worten: Kinder werden mit großer Weisheit geboren, aber ihnen fehlen praktische Lebenserfahrung, Überblick und die Fähigkeit vorauszudenken. Um diese Kompetenzen zu erlangen, brauchen sie Erwachsene.

Wir müssen unbedingt begreifen, dass Führung und Erziehung völlig unterschiedliche Dinge sind, auch wenn die beiden Begriffe ständig miteinander verwechselt und im täglichen Sprachgebrauch sogar synonym verwendet werden. Um ein Kind aufzuziehen und zu erziehen, muss der Erwachsene die Führung übernehmen. Wenn er oder sie das nicht kann beziehungsweise nicht will oder wenn Führung auf destruktive Art und Weise ausgeübt wird, wird niemand Erfolg haben – der Erwachsene wird seine Ziele nicht erreichen, und das Kind wird nicht in der Lage sein, sich zu entfalten und seine Persönlichkeit zu entwickeln. Exakt formuliert müsste die Überschrift dieses Kapitels folgendermaßen lauten: *Um fruchtbare und tragfähige Beziehungen zwischen Erwachsenen und Kindern aufzubauen, müssen die Erwachsenen die Führung übernehmen.* Every team needs a captain, jede Familie braucht ihre Leitwölfe.

Ich arbeite jetzt seit vierzig Jahren als Familienberater und Familientherapeut. Jede Zeit hat ihre Themen und Herausforderungen; in den letzten zwanzig Jahren bin ich einer ständig wachsenden Zahl von Eltern aus allen Gesellschaftsschichten begegnet, die sich über Themen wie morgens Aufstehen und Fertigwerden, Schlafen, Essen und Ähnliches beschweren. Diese Punkte sind nicht an sich »problematisch«, aber die Tatsache, dass so viele Eltern und Kinder mit ihnen zu kämpfen haben, ist ein klares Zeichen für zu wenig Führung. Das heißt nicht, dass elterliche Führung früher besser war – nicht in dem Sinne, dass sie dem Wohlbefinden und der gesunden Entwicklung von Kindern gedient hätte. Aber sie war klarer und konsistenter, und das sorgte dafür, dass es weniger offene Konflikte gab. Der heute so oft geäußerte Wunsch nach einer solchen elterlichen Führung klingt, als hätten heutige Eltern versehentlich den falschen Knopf gedrückt und müssten jetzt einfach den richtigen drücken. Wie Sie sicher wissen, ist es ganz so einfach leider nicht.

Doch es sind nicht allein die Eltern, die in Schwierigkeiten stecken. Vor einigen Jahren habe ich mich während eines Vortrags sehr kritisch zu einer in Mode gekommenen Erziehungsmethode geäußert, die nach dem Grundsatz verfährt, gehorsame und folgsame Kinder zu belohnen. … Fast beschämt erzählte mir in der Pause die Leiterin eines kleinen Kindergartens, dass sie in Absprache mit den Erzieherinnen ebenjene Methode eingeführt habe, die ich so deutlich kritisiert hatte. Der Grund: »Wir waren nicht in der Lage, die Kinder am Ende des Tages dazu zu bringen, die Spielecke aufzuräumen.« Meine Antwort lautete: Wenn es den Erwachsenen in einer Tageseinrichtung nicht gelingt, in einer Gruppe von Drei- bis Sechsjährigen eine Atmosphäre und Kultur von Mitarbeit und Teilnahme zu erzeugen, müssen sie dringend ihre zwischenmenschlichen Kompetenzen überdenken und sie zusammen mit ihrem Führungskonzept grundlegend ändern. Mit einer primitiven Methode, Kinder zu manipulieren, ist es jedenfalls nicht getan.

Wenn es um Führung innerhalb von Familien, in Schulen oder auch in Unternehmen geht, wird die Beziehung zwischen den Führenden und denen, die geführt werden, traditionellerweise als Subjekt-Objekt-Beziehung definiert – mit dem Kind oder dem Angestellten als Objekt. Inzwischen wissen wir, dass Subjekt-Subjekt-Beziehungen[1] für alle Beteiligten besser funktionieren, dass sie konstruktiver und fruchtbarer sind und dass sie mehr Gemeinsamkeit schaffen.

Sie fördern den Erfolg einer Beziehung im Sinne von Zufriedenheit, Gesundheit und Produktivität.

Mir wurde klar, dass diese Erkenntnis einem neuen Paradigma die Tore öffnete, für das es noch keinen Begriff gab. Ganz grundsätzlich geht es um die gleiche Würde, die jedem Menschen zugestanden wird; sie ist entscheidend für die Qualität einer Beziehung. So entschied ich mich für den Begriff der »Gleichwürdigkeit« – sowohl zwischen Mann und Frau als auch zwischen Erwachsenem und Kind.[2] Die ideale durch Erwachsene ausgeübte Führung ließe sich folgendermaßen beschreiben: Sie ist *proaktiv, empathisch, flexibel, dialogbasiert und fürsorglich.*

Proaktiv zu sein bedeutet, dass man als Erwachsener in der Lage ist, seinen eigenen Werten und Zielen entsprechend zu handeln, anstatt lediglich auf das, was das Kind sagt oder tut, zu reagieren. *Empathie* ist die Fähigkeit, einen anderen Menschen wirklich wahrzunehmen. *Flexibel* sein bedeutet, dass man in der Lage und willens ist, Veränderungen und Entwicklungen beim Kind und bei sich selbst zu berücksichtigen – im Gegensatz zu der Haltung, immer »konsequent« zu sein. *Fürsorglich und dialogbasiert* sein heißt, die Wünsche, Bedürfnisse, Gedanken, Ideen und Gefühle des Kindes ernst zu nehmen und zu berücksichtigen – auch dann, wenn sie den eigenen entgegengesetzt sind. Für Erwachsene, die auf diese neue Art und Weise Führung ausüben, ist der allerwichtigste Aspekt die *persönliche Autorität.* Diesen Begriff werde ich im folgenden Abschnitt näher erläutern.

Im Großen und Ganzen kann man sich eine Familie als einen Raum vorstellen, in dem jedes Familienmitglied so viel wie möglich von dem bekommt, was es für die bestmögliche

Qualität seines Lebens braucht – und so wenig wie möglich von dem, was nicht gut dafür ist. Will man Führung ausüben, die auf der Gleichwürdigkeit aller Familienmitglieder basiert, muss man dafür sorgen, dass es ein ungefähres Gleichgewicht gibt zwischen den Bedürfnissen der Gemeinschaft und den Bedürfnissen jedes einzelnen Familienmitgliedes. Natürlich gilt das ebenso für Kitas, Schulen und Fußballvereine: Hier wie dort geht es um ein Austarieren individueller und gemeinschaftlicher Bedürfnisse.

Persönliche Autorität neu definieren

Bis in die späten Sechzigerjahre hinein gründete sich die Autorität von Erwachsenen auf deren Freiheit, nahezu unbegrenzt Macht auszuüben und zu missbrauchen. Diese Freiheit wiederum hing eng zusammen mit der jeweiligen sozialen Rolle als Mutter, Vater, Lehrer, Polizist oder Ähnliches. Eine solche Form von Autorität sorgte bei Kindern eher für Angst und Unsicherheit als für Vertrauen und Respekt. Die Angst wurde aufrechterhalten durch die Ausübung (und den Missbrauch) von Macht in Form von Drohungen sowie von verbaler und körperlicher Gewalt. Ein weiteres Machtinstrument war es, Liebe in all ihren unterschiedlichen Formen immer an Bedingungen zu knüpfen.

Einige Eltern und Lehrer – von Kindern oft als »hart, aber gerecht« beschrieben – konnten sich echten Respekt bei ihren Kindern und Schülern verdienen, obwohl die meisten Autoritäten rücksichtslos waren und ihre Macht willkürlich und ausschließlich den eigenen Bedürfnissen entsprechend ausübten. Das war eben an der Tagesordnung, und es hatte nichts mit dem Fehlen von Liebe zu tun. Das war *die* Art und Weise, wie sich Liebe in den meisten Familien zeigte und wie Pädagogen in den Institutionen arbeiteten.

In den Siebziger- und Achtzigerjahren gab es zwei wichtige Entwicklungen, die diese alten Regeln und Muster für immer verändert haben. Die eine war die antiautoritäre Bewegung, die Erwachsene dazu brachte, auch ihre Rolle in Bezug auf Kinder zu hinterfragen. Die andere war der Entschluss der Frauen, aus ihrer traditionellen Rolle auszubrechen und ihr Schicksal und ihr Glück selbst in die Hand zu nehmen. Beide Bewegungen legten offen, wie Macht benutzt und missbraucht wurde und wie Schwächere auf so gnadenlose Art und Weise unterdrückt wurden, dass dies einfach nicht mehr unwidersprochen hingenommen werden konnte.

Wenn ein Kind auf die Welt kommt, ist es zunächst einmal unbelastet von der gesellschaftlichen und politischen Geschichte seiner Eltern und Vorfahren, es ist ganz und gar bereit und begierig, die Zukunft geschehen zu lassen. Es stellt weder seine eigene Existenz noch sein Recht zu existieren infrage. Die Siebzigerjahre sahen eine Verschiebung in der pädagogischen Arbeit mit Vorschul- und Schulkindern, und *persönliche Entwicklung* löste Anpassung als pädagogisches Ziel ab – zumindest in der Theorie. In den Schulen (vor allem in den skandinavischen Ländern) begann ein Veränderungsprozess weg von der Autokratie hin zur Demokratie, der viele Prozesse wesentlich langsamer und beschwerlicher machte. Ein »Basta« ist schneller gesagt als ein »Wie geht es dir dabei und wie können wir zu einer Einigung kommen?«. Es war das erste Mal, dass dem Menschen als Individuum

Wert zugesprochen wurde, und natürlich machte das alle bis dahin bekannten Führungsstile unmöglich. Tatsächlich war die entstandene Lücke so spürbar, dass viele Experten anfingen, über »den Tod der Familie«, »Chaos in den Schulen« und ähnliche Horrorszenarien zu schreiben. Nostalgiker machten kaum verdeckte Anspielungen auf die »guten alten Zeiten«, in denen man Frauen und Kinder nur »sehen, aber nicht hören sollte«.

Ja, es stimmt – Führung durch Erwachsene wird nie mehr so sein, wie sie einmal war. Da wir sie jedoch nach wie vor brauchen, sollten wir daran arbeiten, sie neu zu erfinden. Leitwölfen in einer modernen Gesellschaft geht es darum, sowohl die persönliche Integrität derer, die sie führen, als auch die eigene nicht zu verletzen. Jede und jeder im Rudel zählt. Das ist die gewaltige Herausforderung, der Eltern und Pädagogen heute gegenüberstehen. Sie sind die wahren Pioniere, und man sollte ihnen jeden Tag Beifall dafür spenden, dass sie durchhalten und engagiert an diesem Prozess dranbleiben. Vielleicht werden ihr Einsatz und ihre Erfahrungen am Ende dazu führen, dass die psychologische Entwicklung der Menschheit auf den gleichen Stand kommt wie die technologische und die ökonomische.

Ich sagte es oben schon: Der wichtigste Faktor bei diesem Veränderungsprozess heißt *persönliche Autorität.* Sie ist der beständigste Ersatz für die traditionelle *auf Rollen basierende* Autorität. Persönliche Autorität gründet sich auf Selbstwertgefühl, Selbsterkenntnis, Selbstachtung, Selbstvertrauen und auf unsere Fähigkeit, unsere persönlichen Werte und Grenzen ernst zu nehmen, ohne dabei der Versuchung zu erliegen, uns aufzublasen. *Nicht zuletzt* gründet sie sich auch auf unsere Fähigkeit, andere Menschen ernst zu nehmen und ihnen mit Empathie und Respekt zu begegnen. *Not easy.* Unbestritten ist es leichter, sich auf die *Rolle* des Lehrers, der Lehrerin zurückzuziehen, als mit der eigenen Persönlichkeit zu überzeugen.

Warum ist das so schwierig für so viele von uns? Ich denke, dafür gibt es drei Gründe: Der erste ist, dass die meisten von uns dazu erzogen wurden, sich anzupassen und anzugleichen und so die eigene Persönlichkeit zu vergessen. Der zweite Grund ist – besonders bei Frauen – die Angst, als egozentrisch und von sich selbst besessen abgestempelt zu werden. Der dritte ist der akute Mangel an brauchbaren Rollenvorbildern. Die meisten von uns wurden von Eltern und Pädagogen aufgezogen, die nicht wirklich daran interessiert waren, *wer* wir waren – folglich haben wir selbst es auch nie herausgefunden. Das bedeutet, dass wir vor der Herausforderung stehen, Eigenschaften zu leben und zu kommunizieren, denen weder in unseren Ursprungsfamilien noch in unseren Schulen irgendein Wert beigemessen wurde. Doch die Suche lohnt sich, um unserer Kinder willen, und auch wir Erwachsenen werden profitieren. So, wie erstaunlich viele Wolfsfreunde und Wolfsforscher mit großer Vehemenz daran arbeiten, das veraltete Bild von den aggressiven Wölfen, die ständig miteinander um die Führungsrolle kämpfen, aus unseren Köpfen verschwinden zu lassen[3], so ringen moderne Eltern und Pädagogen um ein Zusammenleben, das das höchst intelligente und soziale Wesen schon der allerkleinsten Kinder wirklich ernst nimmt und nicht länger unterdrückt.

Die gute Nachricht ist, dass all das machbar ist und dass

es die Qualität unseres Lebens, unserer Arbeit und unserer persönlichen Beziehungen verbessern wird. Wir können mit und von unseren Kindern lernen – wenn wir uns dafür entscheiden! Ginge man nach der alten Denkweise, würde eine solche Haltung zu dem Verlust von Respekt seitens unserer Kinder und Schüler führen. Tatsächlich aber schafft sie Respekt – und zwar eine viel tiefere Form von Respekt, als es je gab. Es kann sein, dass Sie nicht mehr so viele hierarchische Entscheidungen treffen können wie früher, doch Sie werden stärkere Eindrücke hinterlassen und mehr Einfluss haben.

Wer diesen Schritt geht, wird Angst und Sorge verspüren, denn wir verlieren das Geländer, an dem wir uns bislang festgeklammert haben, um uns sicher und wertvoll zu fühlen. Es ist also Zeit, dass wir uns mit der Zwillingsschwester persönlicher Autorität bekannt machen – mit der *persönlichen Verantwortung*.

Persönliche Verantwortung übernehmen

Persönliche Verantwortung erwächst aus der Erkenntnis, dass ich für meine Handlungen und für meine Entscheidungen selbst verantwortlich bin – das beinhaltet auch die Entscheidung, wie ich mit meiner Familie leben will, wie ich für sie sorgen will und wie ich meine Kinder aufziehen möchte. Möglicherweise werden mein Bruder, meine Mutter oder mein Schwiegervater versuchen, mich zu beeinflussen, womöglich wollen sie mir sogar den Unterschied zwischen richtig und falsch beibringen. Doch letztendlich werden sie nicht die Verantwortung für meine Entscheidungen übernehmen oder sie auch nur mit mir teilen. Die Verantwortung liegt bei mir, und mit etwas Glück kann ich sie mit meiner Partnerin oder meinem Partner teilen.

Die Vorstellung von perfekten Eltern ist dabei absurd. Die besten Eltern, die ein Kind haben kann, sind diejenigen, die Verantwortung für ihre Fehler übernehmen, wenn sie ihnen bewusst werden. Wer die Verantwortung für sein Leben – und für seine Fehler – nicht übernimmt, wird zum Opfer, und sich als Opfer zu fühlen ist weder für Erwachsene noch für Kinder gut.

Wohlgemerkt, ich spreche über Verantwortung, nicht über Schuld. Wir sind alle mitverantwortlich für das, was unsere Nächsten und Liebsten tun. Das liegt in der Natur naher Beziehungen. Doch wir sind nicht schuld an allem, was ihnen passiert. Solange unsere Kinder bei uns leben, sind wir zu einhundert Prozent dafür verantwortlich, wie sie sich entwickeln. Das ist die Macht, die Eltern haben. Mit anderen Worten, Sie sollten sich nicht schuldig dafür fühlen, dass Sie nicht perfekt sind und dass Sie nicht von Anfang an alles richtig machen. Aber achten Sie auf das Feedback, das Sie bekommen, nehmen Sie es ernst und übernehmen Sie Verantwortung für Ihre Fehler und Unzulänglichkeiten. Das wird die Schuldgefühle draußen halten, und dort werden sie mit der Zeit verdorren und absterben, statt Ihr Leben zu vergiften.

Es ist eine der ältesten und destruktivsten Gepflogenheiten in der Beziehung zwischen Erwachsenen und Kindern, dass die Erwachsenen ihren Kindern oder Schülern konsequent die Schuld geben für die eigenen Fehler. Die Botschaft lautete und lautet noch immer: Wenn die Beziehung zu meinem Kind erfolgreich ist, ist das *mein* Erfolg. Wenn sie es nicht ist, ist das *seine* Schuld. Oder *ihre.* Diese Doppelmoral war mehr als zweihundert Jahre lang ein allgemein anerkanntes und zulässiges Alibi für Eltern und Lehrer. Sie ist auch heute noch weithin akzeptiert, obwohl alle Fakten über die Natur zwischenmenschlicher Beziehungen eine andere Sprache sprechen. Wenn wir unser Denken von diesem Irrglauben befreien, wird sich unser Verhalten verändern, und das ist das Machtvollste, was wir tun können, um persönliche Autorität zu erlangen. Falls wir nicht bereit sind, das zu tun, wird unsere Autorität dagegen hohl werden, denn auf diese Weise definieren wir uns selbst als Opfer. Wir sind dann angewiesen auf unsere körperliche, emotionale, verbale, soziale und ökonomische Macht, und auf diese Weise kann es keine qualitative Verbesserung geben.

In jeder längeren Beziehung zwischen Erwachsenen und Kindern sind die Erwachsenen zu einhundert Prozent verantwortlich für die Qualität der Beziehung. Kinder sind zwar kompetent und sie haben großen Einfluss, doch sie sind ganz einfach außerstande, Verantwortung für zwischenmenschliche Prozesse zu übernehmen. Werden sie verantwortlich oder schuldig gemacht, können sie sich nicht richtig entwickeln. Die Art und Weise, wie die wichtigsten Erwachsenen im Leben eines Kindes diese Verantwortung bewältigen, ist für seine Entwicklung entscheidend.

Persönliche Verantwortung und Autorität ermöglichen es uns, klar und mit einem guten Gewissen zu sagen, was wir wollen und was nicht, was wir mögen und nicht mögen. Das sind fünfzig Prozent dessen, was wir können müssen, um uns den Respekt und das Vertrauen unserer Kinder zu verdienen. Unsere Empathie und unser Wunsch, etwas darüber zu erfahren, wer *sie* sind – also was *sie* wollen, nicht wollen, mögen und nicht mögen –, machen die restlichen fünfzig Prozent aus. Dieser Punkt führt uns zu den Möglichkeiten, die wir haben, unser Selbstwertgefühl aufzubauen und unseren Kindern dabei zu helfen, das Gleiche zu tun.

Lebenselixier Selbstwertgefühl

Es ist interessant und ein bisschen deprimierend, dass die meisten Bücher und Aufsätze über Elternschaft und Erziehung sich ausschließlich der Beschreibung kindlicher Bedürfnisse widmen und kaum Einblick in die Bedürfnisse der Erwachsenen bieten. Das ist bedauerlich, denn die meisten Dinge, die wir in Bezug auf unsere Kinder tun, sind dadurch geprägt, wer wir sind, wie unsere Lebensgeschichte aussieht und welche Überlebensstrategien wir in unseren Ursprungsfamilien entwickelt haben. Einige dieser Erfahrungen werden sich als hilfreich im Zusammenleben mit unseren Kindern erweisen, andere eher nicht.

Damit will ich nicht sagen, dass wir alle erst intensive Psychotherapien machen müssen, bevor wir Eltern oder Pädagogen werden können. Ich stelle lediglich fest, dass es zu unserer Verantwortung als Führende gehört, uns dieser Tatsache bewusst zu sein und – wenn nötig – diesbezüglich etwas zu unternehmen. Erst vor einer Generation wäre eine solche Feststellung als Ungeheuerlichkeit und als Versuch, Autorität zu untergraben, angesehen worden. Heute ist sie eine Selbstverständlichkeit.

Um den Begriff des *Selbstwertgefühls* zu erfassen, ist eine Abgrenzung vom *Selbstvertrauen* hilfreich. Vor zwei Generationen war der Beginn der Mutterschaft für viele Frauen mit relativ viel Selbstvertrauen verbunden, da sie unter Anleitung ihrer eigenen Mütter schon viel Zeit mit jüngeren Geschwistern verbracht und sich in anderen Familien als Babysitter erprobt hatten. Das ist bei den jungen Frauen von heute eher selten der Fall, und dementsprechend fühlen sie sich viel unsicherer in Bezug auf ihre eigenen Kompetenzen, wenn sie Mütter werden. Dieser Mangel an »festem Boden« unter den Füßen ist auch für junge Väter charakteristisch.

Selbstvertrauen ist dadurch gekennzeichnet, dass es durch praktische Anwendung, Übung und Erziehung aufgebaut wird und dass es an bestimmte Fähigkeiten geknüpft ist. Junge Eltern können jede Menge Selbstvertrauen haben in Bezug auf ihre praktischen oder akademischen Fähigkeiten und Leistungen, beim Sport, in den Künsten, in Diskussionen oder bei Computerspielen – und bei alledem doch zu wenig Selbstvertrauen als Eltern. Das bedeutet keineswegs, dass sie als Eltern untauglich wären, aber es macht es für sie notwendig, zusammen mit ihren Kindern so viele Erfahrungen wie möglich zu sammeln und diese wirklich an sich heranzulassen – und zwar so früh wie möglich. Beim zweiten Kind werden sie dann wesentlich besser vorbereitet sein, obwohl es ganz anders als das erste sein wird und sie sich wieder neue Fähigkeiten werden aneignen müssen.

Selbstvertrauen hat mit Können und mit Leistung zu tun – mit dem, was wir *machen* können und gut machen. *Selbstwertgefühl* gehört dagegen zu einer vollkommen anderen Welt.[4] Es hängt damit zusammen, *wer wir sind* und wie wir dazu stehen, wer wir sind. Es beschreibt ein existenzielles Phänomen, dessen Entwicklung nahezu vollständig von der elterlichen Führung abhängt. Wenn unsere Eltern in unserer Kindheit Interesse für unsere Gedanken und Gefühle zeigen und sie unseren Reaktionen und unserem Verhalten mit Neugier begegnen, wissen wir eine Menge über uns selbst, wenn wir das Erwachsenenalter erreichen. Und wir verfügen über ein realistisches und differenziertes Selbstbild. Die zweite Dimension des Selbstwertgefühls – wie wir kognitiv und emotional dazu stehen, wer wir sind – hängt ebenfalls nahezu vollständig von unseren Eltern ab, von ihrem Verhalten, ihren Wertvorstellungen, ihren Zielen und vor allem davon, wie stark oder schwach ausgeprägt ihr eigenes Selbstwertgefühl ist und wie sie damit umgehen.

Will man als Erwachsener Selbstwertgefühl aufbauen, braucht es dafür eine bewusste Anstrengung. Viele Wege führen dabei nach Rom – und an genauso vielen Orten kann man die Reise beginnen. Meiner Erfahrung nach ist das gegenseitige Lernen zwischen Partnern beziehungsweise zwischen Eltern und Kindern der Weg, der für die ganze Familie am wirkungsvollsten, vergnüglichsten und erfolgreichsten ist. Hier kommt also der vierte Eckpfeiler der Führung durch Erwachsene:

Gegenseitiges Lernen

Traditionell wurde das Aufziehen beziehungsweise die Erziehung von Kindern als eine Art Einbahnstraße gesehen. Nach dieser Auffassung wurde alles Wertvolle und Wichtige ausschließlich von Erwachsenen an das Kind gegeben. Diese Einbahnstraße hat sich inzwischen als eine Sackgasse erwiesen, in der alle stecken bleiben.

Jedes Mal, wenn ich das Konzept gegenseitigen Lernens im Zusammenhang mit Elternschaft erwähne, gibt es ein paar aufgebrachte Eltern, die fragen: »Ist das dein Ernst? Glaubst du wirklich, dass Kinder Eltern beibringen können, Eltern zu sein? Hast du vollkommen den Verstand verloren?« Sie fragen so, weil sie die alte Einbahnstraße gedanklich einfach nur umkehren und sich ihre Kinder als Lehrer und sich selbst als Schüler vorstellen – was natürlich nicht gemeint ist.

Schon Eltern eines wenige Tage alten Kindes wissen, was gegenseitiges Lernen ist und wie es abläuft. Von dem Moment an, in dem ein Baby auf die Welt kommt, sind wir fokussiert, interessiert und neugierig: Was braucht die Kleine jetzt? Was bedeutet ihr Weinen? Ist ihr zu warm oder zu kalt, ist sie hungrig, wütend, müde, oder müssen ihre Windeln gewechselt werden? Anscheinend mag sie Tante Chrissie nicht, aber wenn Onkel Ben zu Besuch kommt, ist sie immer reizend. Jeder Tag bringt uns Dutzende von Fragen, und nach und nach lernen wir durch einen fortwährenden Prozess von Versuch und Irrtum, worum es bei ihr geht. Ohne die Befähigung des Babys, uns Feedback zu geben, und ohne seine Energie würden wir im Dunkeln tappen.

Dann – üblicherweise, wenn das Kind etwa ein Jahr alt ist – werden wir plötzlich voreingenommen, und wenn es dann etwa zwei Jahre alt ist, verlieren viele Eltern die Neugier, entdecken zu wollen, wer dieses kleine Mädchen ist und wie es sich entfaltet. Sie ersetzen die Haltung des Interesses und der Neugier durch ein Bild, wie ihr Kind sein und werden sollte. Sie kommen vom Lernen ins Lehren, vom Führen und Sich-führen-Lassen zum Anweisen und Verbessern, vom Dialog zum Monolog und von Lernprozessen zu Machtkämpfen. Vom Vergnügen an der bloßen Existenz und der Kreativität des Kindes kommen sie zu einer Haltung, die aus ihrem Kind ein Projekt macht, welches hier und heute beginnt und irgendwann in der Zukunft abgeschlossen sein wird.

Das passiert aus allen möglichen Gründen, von denen nur einige wenige gut und berechtigt sind. Viele dieser Gründe haben mit Traditionen und Irrmeinungen zu tun – wie zum Beispiel die sogenannte »Trotzphase« –, andere mit dem Druck der Außenwelt. Beispielsweise sind manche Kindertagesstätten so dreist, zu verlangen, dass die Kinder ab einem bestimmten Alter fähig sind, auf die Toilette oder auf das Töpfchen zu gehen, weil es die Arbeit erleichtert. Oder es wird verlangt, dass die Kinder trainiert wurden, ihren Mittagsschlaf zu einer ganz bestimmten Zeit zu halten, und dass sie ab einem bestimmten Alter keinen Mittagsschlaf mehr machen. Manche gehen so weit, zu fordern, dass alle Kinder zur gleichen Zeit auf die Toilette gehen und dass sie außerhalb dieser Zeit *nicht* gehen sollen.

Das alles ist an sich schon schlimm genug, aber es wäre vielleicht gerade noch zu ertragen, wenn es nur eine Sache zwischen Kindern und Pädagogen bliebe. Doch so ist es nicht. Diese Dinge setzen Eltern enorm unter Druck und zwingen sie dazu, ihre Führung auf eine Art und Weise auszuüben, die sie normalerweise ablehnen würden. So werden sie unglaubwürdig, und das Theater fängt an. Manche dieser Tagesstätten treten auf wie Fabrikdirektoren, die ihre Zulieferbetriebe instruieren. Sie kommen damit durch, weil so viele Eltern eine tiefe Angst davor verspüren, ein Kind zu haben, das den statistischen Vorgaben nicht entspricht. Falls Sie auch zu diesen Eltern gehören – halten Sie inne und denken Sie nach! Es ist vollkommen in Ordnung, wenn Sie Ihr Kind jeden Tag für ein paar Stunden in die Obhut von Pädagogen geben – aber treten Sie niemals Ihre elterliche Autorität und Integrität an Fremde ab.

Der Prozess gegenseitigen Lernens dauert ein Leben lang, und er wird den größten Erfolg haben, wenn eine Beziehung als gleich*würdig* gesehen wird. Beziehungen zwischen Eltern und Kindern können niemals gleich*berechtigt* sein, dafür ist der Machtunterschied zu groß. Dieser Unterschied ist genau der Grund, warum ich den Begriff *Gleichwürdigkeit* eingeführt habe – er beschreibt das Ethos der Führung durch Erwachsene. Hier ein Beispiel:

Max ist drei Jahre alt.

Sein Vater:	*Auf geht's, Max! Jetzt ist es Zeit, dass du Zähne putzt.*
Max:	*Aber, Papa, warum? Ich will nicht Zähne putzen!*
Vater:	*Weißt du, warum du nicht willst?*
Max:	*Nein … ich will einfach nicht.*
Vater:	*Schade, ich würde es wirklich gern wissen.*
Max:	*Ich weiß es aber nicht.*

Vater:	*Okay, dann denk doch mal darüber nach und sag mir Bescheid, wenn du es weißt. Und lass uns in der Zwischenzeit das Zähneputzen erledigen.*
Max:	*Aber ich hab gesagt, dass ich nicht will!*
Vater:	*Ja, das habe ich gehört. Aber solange du noch ein Kind bist, bin ich verantwortlich für deine Gesundheit. Also los, bringen wir's hinter uns.*
Max:	*Okay, aber pass auf, dass du mir nicht wehtust.*

Ginge man nach dem alten Paradigma, würde man diesen Dialog als pure Zeitverschwendung sehen. Der Vater weiß, dass er seinem Sohn auf jeden Fall die Zähne putzen wird, warum also so viel Zeit und Energie aufwenden? Doch seine Reaktion zeigt Max, dass er ihn ernst nimmt. Wenn die einzige Option für ein Kind ist, die Hacken zusammenzuknallen und »Jawohl!« zu brüllen, dann verliert es dabei seine Würde (das Gleiche gilt übrigens für Erwachsene). Die meisten Kinder werden auf eine solche Situation reagieren, indem sie gegen ihren Vater kämpfen – indem sie wegrennen, den Mund zusammenpressen oder ihr Gesicht mit den Händen schützen. Und schon ist man mitten in einem Machtkampf und das nur, weil das Kind sich sprachlich noch nicht gut genug ausdrücken kann, um zu sagen: »Hör mal zu, Papa! Vielleicht lasse ich zu, dass du meine Zähne putzt, aber ich werde auf keinen Fall zulassen, dass du mich meiner persönlichen Würde beraubst – auf keinen Fall!«

Immer, wenn Kinder versuchen, ihre persönliche Integrität zu schützen, haben sie dafür einen guten Grund – nämlich die Art und Weise, wie sie die Dinge erleben. Das ist bei Kindern genauso wie bei Erwachsenen. Wenn Sie also in einen Machtkampf mit einem Kind geraten, liegt das meistens daran, dass Sie die Macht wollen und das Kind versucht, seine persönliche Integrität – zu der auch seine Würde gehört – zu schützen. Kinder haben kein Interesse daran, Macht über ihre Eltern zu haben. Aber sie messen ihrer Autonomie und ihren persönlichen Grenzen hohen Wert bei, und sie werden so lange für diese kämpfen, bis sie schließlich gebrochen und erniedrigt sind. Noch vor einem halben Jahrhundert war dieser Schaden oft dauerhaft, und er verkrüppelte Kinder für den Rest ihres Lebens. Heutzutage nutzen sie eher die Gelegenheit, es als Teenager noch einmal zu versuchen.

Jedes Kind ist einmalig, und auch die Eltern sind es. Für die jeweils andere Seite sind sie eine einzigartige Quelle der Inspiration und der Erkenntnis. Kinder haben keine Vorstellung davon, dass ihre Eltern ganz bestimmte persönliche Grenzen haben, die sich von ihren eigenen unterscheiden. Folglich erreichen und überschreiten Kinder diese Grenzen permanent, und durch das verbale und nonverbale Feedback, das sie dann bekommen, lernen sie etwas. Hier kommt Führung in Form von Anleitung ins Spiel. Wenn Ihr eineinhalbjähriger Sohn Ihnen auf den Schoß klettert und damit beginnt, Ihre Handbewegungen auf der Laptop-Tastatur nachzuahmen, nehmen Sie seine Hände, schauen Sie ihm freundlich in die Augen und sagen Sie: »Hör zu, mein Sohn. Ich will nicht, dass du mein Laptop anfasst. Tust du mir den Gefallen?« Er wird dann wahrscheinlich mit Ihnen spielen wollen, also schüttelt er den Kopf und sagt »Nein!« mit so einem ganz bestimmten Blick in den Augen. Umarmen Sie ihn, geben Sie ihm einen Kuss, setzen Sie ihn auf den Boden und sagen Sie »Danke!«. Wird er es wieder tun? Ja, natürlich wird er das. Er ist so damit beschäftigt, eine halbe Million neuer Dinge über sich selbst, seine Eltern und die Welt zu lernen, dass alle Erfahrungen wiederholt werden müssen, damit er sie verinnerlichen kann. Wenn Sie sich Sorgen um Ihr Laptop machen, klappen Sie es zu und schieben Sie es außer Reichweite, bevor Sie ihn auf den Schoß nehmen.

Ihr Sohn liebt Sie als seine Eltern vorbehaltlos, er vertraut Ihnen zu hundertfünfzig Prozent, und er findet, dass er die besten Eltern auf der ganzen Welt hat. Im Alter von fünf Jahren wird er Tausende von Erfahrungen mit den Grenzen, Regeln, Werten, Routinen und Richtlinien seiner Eltern gesammelt haben – und mit denjenigen des Kindergartens, seiner vier bis sechs Großeltern, einiger Tanten und Onkel und der Eltern seines besten Freundes. All diese Erfahrungen wird er in seine Persönlichkeit und in sein Verhalten integriert haben. Man kann es drehen und wenden, wie man will – das ist eine unglaubliche Leistung für ein Vorschulkind, und alles, was er dabei von Ihnen braucht, ist verlässliche Führung. Dass er Ihre persönliche Autorität braucht, heißt nicht, dass Sie ihn dazu bringen sollen, sich zu unterwerfen und zu kooperieren – er braucht diese, weil er in der Lage sein muss, Ihnen zu vertrauen. Er muss darauf vertrauen können, dass Sie wissen, was Sie tun, und dass Sie es zum Wohl der Gemeinschaft tun.

2

Sie können Ihrem Kind vertrauen

In der Zeit, als ich erwachsen wurde, hat meine Mutter manchmal gesagt: »Aus dir wäre nie ein anständiger Mensch geworden, wenn wir – deine Eltern – nicht gewesen wären!« Sie war vollkommen von der Wahrheit dieser Aussage überzeugt, und sie hatte keine Vorstellung davon, wie niederschmetternd sich das für mich anfühlte. Ich habe geschuftet wie ein Ochse, um mit meinen Eltern zu kooperieren, und ich habe dafür einen hohen Preis gezahlt. Ich habe bezahlt mit dem Verlust von Selbstwertgefühl und mit dem Verlust des Gefühls, als Sohn und als Mensch wertvoll zu sein. Doch es gibt keinen Grund, meiner Mutter Vorwürfe zu machen, schließlich hat sie nur ihre Eltern und höchstwahrscheinlich auch deren Eltern kopiert. Darüber hinaus gehörten meine Eltern zu einer Generation, der gesagt wurde, dass Kinder primitiv, unkooperativ, asozial und unfähig zu Empathie seien und dass man sie an der kurzen Leine halten müsse, um sie dazu zu bringen, die genannten menschlichen Qualitäten zu erlangen und zu integrieren.

Diese Haltung fußte auf einem etwas holprigen Verständnis der Theorien Sigmund Freuds, vor allem aber auf der damaligen Moral.

Inzwischen haben wir viel darüber gelernt, wie Kinder funktionieren und sich entwickeln, und das hat das alte Bild von ihren Fähigkeiten und Eigenschaften verändert. Heute stützen sich das Aufziehen und Erziehen von Kindern viel stärker auf Wissen und weniger auf Moral. Drei Erkenntnisse sind dabei von besonderer Bedeutung für die Führung durch Erwachsene:

- Die alte Frage »Ist es die Biologie oder ist es die Umwelt?« wurde von der Neurowissenschaft beantwortet, und die Antwort lautet »Ja!« – es sind Biologie *und* Umwelt, die das Verhalten kleiner Kinder formen. Ein Säugling kommt mit einem Potenzial von Millionen möglicher und unterschiedlicher Hirnstrukturen auf die Welt, und wie diese sich ausbilden, hängt in großem Maße von den zwischenmenschlichen und sozialen Erfahrungen des Kindes ab.
- Die zweite Erkenntnis ist, dass Kinder den Verhaltensmustern ihrer Eltern entsprechend kooperieren, sich anpassen und ihr Verhalten angleichen. Das tun sie, ohne darüber nachzudenken oder zu planen, und in diesem Sinne ist es richtig, wenn man sagt, dass Kinder ganz unschuldig zu ihrem Verhalten kommen – ob dieses nun von den Eltern erwünscht oder nicht erwünscht ist.
- Drittens sind die Reaktionen von Kindern immer sinnvoll. Sie sind nie zufällig, sie sind nicht hysterisch und es steckt keine gute oder schlechte Absicht hinter ihnen.

Sie sind einfach ein fundiertes Feedback für die Erwachsenen, die im Leben des Kindes die wichtigsten Bezugspersonen sind. Ähnlich wie bei Neugeborenen ist dieses Feedback manchmal schwer oder sogar unmöglich zu entschlüsseln, aber es steht immer für Kooperationsbereitschaft und für den Versuch des Kindes, für seine Familie von Wert zu sein.

Jedes Kind will kooperieren

In einigen meiner Bücher habe ich ausführlich über das Phänomen kindlicher Kooperation geschrieben. Dabei ging es auch um die Erkenntnis, dass sich der Wille des Kindes, zu kooperieren oder einfach das Verhalten der Eltern (sowohl innerlich als auch äußerlich) nachzuahmen, auf zwei Arten äußern kann – manchmal kommt dabei eine direkte Kopie heraus (Papa schlägt Mama, also trage ich das nach außen und schlage meine Freunde) und manchmal eine spiegelverkehrte Kopie (Papa schlägt Mama, also verlagere ich das nach innen und werde selbstzerstörerisch).

Den Begriff »kooperieren« zu verwenden, ist in gewissem Sinne paradox, denn das Verhalten des Kindes ist zwar ein wertvoller und oft herausfordernder Beitrag zur Beziehung zwischen Eltern und Kind, aber es ist nicht immer das, was sich die Eltern gewünscht hätten. Nicht immer gefällt das Verhalten der Welpen den Leitwölfen. Hier ein Beispiel:

Liam ist drei Jahre alt, und er hat sich angewöhnt, sein kleines Schwesterchen an den Haaren zu ziehen. Seine Eltern versuchen, ihn davon abzuhalten und mit ihm zu argumentieren, aber sein Verhalten ändert sich nicht. Als letztes Mittel entscheiden sie sich für das sogenannte »Time-out«, wenn er sich schlecht benimmt. Sie schicken ihn in sein Zimmer, schließen die Tür, und er darf erst wieder herauskommen, wenn sie es ihm erlauben. Nachdem Liam das ein paarmal erlebt hat, ändert er sein Verhalten. Er geht zu seiner Schwester, zieht sie an den Haaren und geht dann in sein Zimmer, wo er für etwa fünf bis zehn Minuten bleibt.

Mit großer Loyalität ahmt er das Verhalten seiner Eltern nach und gibt ihnen, was sie wollen (so, wie er das versteht). Indem er das tut, entschärft er die Strafe, erspart sich die Demütigung und stellt sicher, dass seine Integrität nicht verletzt wird. Er mobilisiert seine Autonomie, und statt der schmerzhaften Erfahrung des Ausgeschlossenwerdens wählt er die Einsamkeit.

Die Eltern haben Liam bei seinem (Fehl-)Verhalten von Anfang an nicht »gesehen«. Sie verstehen nicht, dass er Schwierigkeiten hat, damit zurechtzukommen, dass er nicht mehr das einzige Kind in der Familie ist und dass er die Hälfte von allem, was er früher besaß, verloren hat. Sie schenken lediglich dem Aufmerksamkeit, was sie als Ausbrüche von Eifersucht und Gewalt sehen, und dementsprechend reagieren sie mit Bestrafung. Obwohl er seine Botschaft wieder und wieder geduldig vorbringt, begreifen sie es einfach nicht! Er hat sich schon ausgeschlossen gefühlt, und jetzt wird er auch noch ausgeschlossen. Und trotzdem – durch seine kreative Lösung, mit der er seinen Eltern auf halbem Weg entgegenkommt, stellt er sicher, dass er keinen ernsthaften Schaden nimmt.

Hätten Liams Eltern gewusst, dass seine Reaktionen sinnvoll sind und ein Versuch, mit ihnen zu kooperieren, hätten sie sich für eine andere Form von Führung entschieden. Einer von beiden wäre mit ihm zum Einkaufen gefahren, am Strand spazieren gegangen, hätte mit ihm zusammen Pfannkuchen gemacht oder das Auto gewaschen – Hauptsache, er oder sie hätte mit ihm allein sein und ihm sagen können: »Liam, hör zu. Du hast deine Schwester jetzt so oft an den Haaren gezogen, dass ich endlich begriffen habe, dass du dich nicht wirklich wohl damit fühlst, dass sie jetzt zu unserer Familie gehört. Kannst du mir sagen, was dir da Sorgen macht?« Ob es darauf eine Antwort gegeben hätte oder nicht, allein die Einladung hätte ihn dazu gebracht, damit aufzuhören, seiner Schwester an den Haaren zu ziehen, weil er sich »gesehen«, wertgeschätzt und einbezogen gefühlt hätte.

Achtsamkeit und Empathie

Kinder brauchen nicht so viel Aufmerksamkeit, wie wir denken, aber sie brauchen Erwachsene, die achtsam sind und die ihren Absichten vertrauen. Diese Form von Führung – auf Vertrauen und Empathie basierend – ist nicht ausdrücklich kinderfreundlich, sondern sie ist familienfreundlich, und zwar in dem Sinne, dass jeder das bekommt, was er oder sie braucht und sich wünscht. Die Eltern bekommen ein gesundes Kind, sie fühlen sich als Eltern kompetent und wertvoll statt hilflos, und Bruder und Schwester bekommen eine gesunde Basis für ihre lebenslange Beziehung. Und all das wegen eines Dreijährigen, der mutig genug war, seine Botschaft so lange zu wiederholen, bis sie entschlüsselt war.

Vertrauen ist das Schlüsselwort. Versuchen Sie, sich einen Moment lang vorzustellen, Sie würden mit zwei Menschen zusammenleben, die Sie lieben, denen Sie vertrauen und von denen Ihr Überleben und Ihre geistige Gesundheit vollständig abhängen. Und dann stellen Sie sich vor, dass diese Leute niemals Ihren guten Absichten vertrauen und dass sie Ihr Verhalten ständig negativ interpretieren. In einer nahen Beziehung zu leben, die so aussieht, würde die meisten gesunden Erwachsenen wahnsinnig und/oder gewalttätig machen. Kinder sind widerstandsfähiger – sie verlieren nur ihr Selbstwertgefühl und das Gefühl, eine Bereicherung für das Leben ihrer Eltern zu sein.

In dem alten Paradigma war Vertrauen gleichbedeutend mit der Erwartung der Eltern, dass ihre Kinder funktionierten, wie und wann die Eltern es wünschten. Von Kindern wurde erwartet, dass sie gehorsam waren – waren sie es nicht, wurde ihnen das Vertrauen entzogen. Heute wissen wir es besser – obwohl unser Denken und Handeln dem nicht immer entspricht. Wir versuchen, unsere Kinder nicht in die Lage zu bringen, sich unser Vertrauen durch Gehorsam verdienen zu müssen. Wir bemühen uns, ihnen unser bedingungsloses Vertrauen zu geben, und die Botschaft dabei lautet: Ich vertraue dir, dass du dein Bestmögliches tust, um zu kooperieren und für die Familie von Wert zu sein, und sollte es mir nicht gelingen, das in deinem Verhalten zu erkennen, werde ich dich um Hilfe und Klärung bitten.

Eines der schwierigsten Phänomene, mit denen Eltern manchmal umgehen müssen, ist, wenn ein Kind lügt. Üblicherweise führt das zu berechtigtem Misstrauen. Ich spreche hier nicht von einem Vorschulkind mit einer lebhaften Fantasie, sondern von richtigen, handfesten Lügen. Wie können solche Lügen eine Form von Kooperation sein, und wie kann so ein Verhalten überhaupt wertvoll sein für die Familie? Kinder lügen ihre Eltern an, wenn sie die Erfahrung gemacht haben oder das Gefühl haben, dass ihre Eltern mit der Wahrheit nicht umgehen können. Nicht damit umgehen können – das ist hier der zentrale Punkt:

Wenn ich das meiner Mutter erzähle, wird sie völlig ausrasten, und sie und mein Stiefvater werden sich ewig streiten!

Davon kann ich meinen Eltern nichts erzählen. Mein Vater wird so wütend werden, dass ich Angst kriege, und dann wird sich meine Mutter monatelang Sorgen um mich machen. Ich hasse es, wenn sie sich Sorgen macht!

Meine Eltern sind altmodisch – die würden mich überhaupt nicht verstehen.

Ich habe versucht, meiner Mutter zu erzählen, dass ich in der Schule gemobbt werde, aber sie hat bloß angefangen zu weinen. Ich mag es nicht, wenn sie weint, also erzähle ich jetzt niemandem mehr davon.

Meine Eltern wollen nicht, dass ich mit Robert spiele, also sage ich ihnen nicht, dass er mein bester Freund ist.

Es ist gut möglich, dass all diese Eltern erwidern würden: »Kann schon sein, dass Sie recht haben, aber das ist kein Grund, zu lügen. Es ist falsch, seine Eltern anzulügen – und damit basta!« Eine solche Haltung hebt das Lügen aus dem existenziellen Kontext heraus und setzt es in einen moralischen, was wiederum die Voraussetzung für weitere Lügen schafft. Tatsache ist, dass diese Kinder nicht versuchen, ihre eigene Haut zu retten. Sie versuchen, ihre Familien zu schützen, und sie zahlen dafür mit Einsamkeit. Vertrauen Sie ihnen also – auch wenn sie lügen!

Eltern fragen Jesper Juul[5]

Thema: Ist es okay, wenn man aus Liebe in der Babysprache spricht? Oder kann beziehungsweise sollte man sich so verhalten, wie man sich einem Erwachsenen gegenüber verhalten würde?

Vater: Wir haben einen siebzehn Monate alten Sohn, und ich verfalle schon immer so in die Babysprache, einfach, weil ich das Kind so liebe. Ich mache dumme Witze und Späße und verhalte mich wahrscheinlich wie der letzte Depp – ich mache das aus Liebe. Die erste Frage ist: Ist es dann okay, oder ist es auch falsch? Wie würden Sie das beurteilen, kann man das machen, oder ist das totaler Quatsch? Und die zweite Frage bezieht sich auf das Beispiel, das Sie öfter bringen, dass man sich gegenüber einem Erwachsenen ganz anders verhalten würde. Kann man das grundsätzlich als Referenz nehmen, damit man da vielleicht ein bisschen mehr Sicherheit bekommt? Ist das eine Referenz, oder sagen Sie, das geht nicht?

Jesper Juul: Es gibt einen großen Unterschied zwischen Lieben und Verliebtsein. Wenn wir verliebt sind – ob in einen Erwachsenen oder in ein Baby –, sagen wir alles Mögliche, dann läuft es nur so, »babababababa«. Babys brauchen das auch, dieses Plaudern, und es darf gern so ein bisschen im Diskant sein, dann kommt es an. Das große Missverständnis besteht darin, dass wir in den letzten fünfundzwanzig Jahren eine kinderfreundliche, fast pädagogische Sprache entwickelt haben. Das heißt, wir versuchen – aus Liebe – mit den Kindern immer so zu reden, dass sie jedes Wort verstehen. Und das ist nicht gut, denn wir zerstören unsere Botschaft, wenn wir unsere eigenen Worte und unsere eigene Sprache nicht benutzen können. Wir müssen auch unsere Erwachsenensprache, unsere persönliche Mutter- oder Vatersprache sprechen, damit die richtige Musik – also die Gefühle – dabei sind. Dann kommt die Botschaft auch an. Das gilt natürlich nicht in gewissen pädagogischen Zusammenhängen, wenn es darum geht, den Kindern irgendeine Fähigkeit zu vermitteln. Dann ist es wunderbar, sein Vokabular zu begrenzen und nur das zu sagen, wovon man weiß, dass das Kind es versteht. Doch gerade, wenn es um traurige Dinge geht, um Trennung, Tod, Krankheit oder schwere und lang andauernde Konflikte, ist es sehr wichtig, dass Erwachsene ihre eigene Sprache verwenden.

Dieses Plaudern oder diese kindliche Sprache ist ein bisschen wie Lob, glaube ich. Viele Eltern loben ihre Kinder heute viel zu viel – die Kinder werden für alles gelobt, sie pinkeln und werden dafür gelobt, sie machen egal was und werden mit Lob überschüttet. Und das bedeutet, dass Lob innerhalb des ersten Lebensjahres entwertet ist, dass es keinen Wert mehr hat. Der andere Punkt ist, dass so etwas in diesen ersten Jahren gar nicht als Lob gemeint ist. Es ist nur eine Floskel, mit der man sagt: »Ich liebe dich.« Für Kinder ist das sehr schwierig, denn Kinder sind wie gesagt kompetent, aber sie haben keine Erfahrung. Im Laufe der Zeit lernen sie dadurch, dass Lob gleich Liebe ist. Und dann kommen sie mit drei Jahren in die große, weite Welt hinaus, und da gibt es kein Lob. Und dann denken sie, dass niemand sie liebt. Oder sie denken: »Mein Vater liebt mich nicht mehr, denn der lobt mich nicht mehr, oder er plaudert nicht mehr.«

Als Eltern muss man sich fragen, wie das eigene Gefühl ist. Und wenn man das Gefühl hat: »Jetzt ist es genug« oder »Jetzt ist es ein bisschen zu viel«, dann sollte man versuchen aufzuhören. Man kann auch seinen Partner fragen, oder man kann – wenn man wirklich Mut hat – mit einem Diktiergerät herumlaufen. Aber das sollte man sich dann nur so drei Minuten am Stück anhören und nicht länger.

Ich glaube, wir müssen uns selbst befragen. Es lässt sich nicht immer sagen, was richtig und was falsch ist. Ich hoffe eigentlich nur, dass ich erreiche, dass manche Eltern einfach ein bisschen über diese Dinge nachdenken. Und vielleicht sagen sie dann: »Okay, ich mag, was er sagt, aber ich mache weiter wie bisher« oder »Was weiß er denn schon?«, oder irgendetwas anderes – das ist nicht so wichtig. Es gibt nichts Richtiges, es gibt nur verschiedene Möglichkeiten. Und über die sollten wir nachdenken.

3

Der Leitwolf und das innere Kind

Mutter oder Vater zu werden und gemeinsam mit dem Partner Führung auszuüben, um gesunde, glückliche und erfolgreiche Kinder aufzuziehen, ist an sich schon eine enorme tägliche Herausforderung. Zum Teil hat diese Herausforderung mit Management zu tun, was zwar interessant und anspruchsvoll ist, aber nicht wirklich der Fokus dieses Buches. Für welche Art von Management man sich entscheidet, hängt sehr von der Anzahl der Familienmitglieder, der Arbeitsbelastung der Eltern, dem Alter und der Mobilität der Kinder und Ähnlichem ab. Führung ist dagegen der entscheidende Faktor, wenn es darum geht, sinnvolle und erfolgreiche Beziehungen aufzubauen und weiterzuentwickeln.

Führung zu übernehmen stellt uns vor eine ganz andere und oftmals viel größere Herausforderung, weil es uns persönlich betrifft und weil es häufig Veränderungen auf einer tiefen Ebene unseres Seins erfordert. Dabei geht es nicht um eine Veränderung des Lebensstils, des Freundeskreises oder ähnlicher Dinge. Es geht um unser menschliches Potenzial und um die Frage, wer wir sind.

Wer bin ich?

Rein juristisch gesehen sind die meisten von uns, wenn sie Eltern werden, erwachsen. Doch viele von uns sind weit davon entfernt, ausgereifte Persönlichkeiten zu sein – selbst diejenigen, die erst um die dreißig oder vierzig Eltern werden. Aber Vater oder Mutter zu werden ist eine der besten Möglichkeiten, als Mensch zu reifen, denn die Liebe unserer Kinder macht uns auf eine Art und Weise verletzlich, wie das in keiner anderen Beziehung geschieht. Die Frage ist also nicht, ob wir erst als reife Menschen Eltern werden sollten (dem Kind zuliebe). Die Frage ist, wieweit wir bereit sind, zuzulassen, dass unsere Kinder uns unter die Haut gehen und dass sie Gefühle und vergangene Erfahrungen berühren, die wir, so gut wir konnten, unterdrückt haben beziehungsweise von denen wir noch nicht einmal etwas wissen.

Paul ist vier Jahre alt. Lars, sein Vater, bat um eine Familienberatung, weil er bestürzt und beschämt darüber war, wie er sich in der Beziehung zu seinem Sohn verhielt. Die Scham rührte daher, dass er selbst Psychologe war und sehr erfolgreich mit Kindern in Krankenhäusern arbeitete.

Lars erzählte mir, dass er jedes Mal, wenn Paul weinte, gereizt und ärgerlich wurde. Es war egal, ob der Junge unzu-

frieden, traurig oder frustriert war oder sich beim Spielen wehgetan hatte. Lars fragte: »Warum bin ich unfähig, mein Kind wie alle vernünftigen Eltern zu trösten?« Wir unterhielten uns ein bisschen darüber, wie er aufgewachsen war, und suchten nach möglichen Traumata oder Verlusten. Plötzlich brach er in Tränen aus und offenbarte mir, dass, als er selbst zehn Jahre alt war, herauskam, dass sein Vater ein Kinderschänder war und dass dieser bald darauf Selbstmord beging. Die schrecklichen Dinge, die dieser Mann getan hatte, machten es seinem Sohn (und seiner Frau) unmöglich, auf normale und gesunde Weise über seinen Tod zu trauern. Tatsächlich hatte Lars den Tod des Vaters und dessen Umstände so weit von sich weggeschoben, dass er das ganze Thema »vergessen« hatte, und nicht einmal Pauls Mutter wusste nach zehnjähriger Ehe etwas davon.

Lars hatte ganz einfach mit seiner Mutter und mit der öffentlichen Meinung in der Kleinstadt, in der sie lebten, kooperiert. Dabei hatte er sich das Recht, über den Tod seines Vaters zu weinen, verweigert. Das Weinen seines eigenen Sohnes wurde zu einem Auslöser, der die angestauten verbotenen Tränen zum Fließen brachte und der half, nach fast dreißig Jahren eine Heilung herbeizuführen. Das Verhalten von Pauls Vater hatte einen sehr dramatischen Hintergrund, und viele Geschichten sind weniger dramatisch. Trotzdem ist seine Reaktion ein gutes Beispiel dafür, wie die Beziehung zu unseren Kindern oft das zum Leben erweckt, was die Leute in meinem Beruf manchmal das »innere Kind« nennen. Wir alle nehmen mindestens eines dieser inneren Kinder mit uns ins Erwachsenenalter.

Dafür gibt es einen einfachen Grund: Keiner von uns ist in der perfekten Familie in der perfekten Gesellschaft aufgewachsen – das heißt, wir mussten unser Verhalten an die gegebenen Umstände anpassen.

Meine Mutter war eine sehr zarte Frau mit einem schwachen Herzen, also habe ich gelernt, mich in meiner Lebensfreude und bei meinen Spielen mit anderen Kindern zu bremsen.

Mein Vater hat kaum gesprochen, also habe ich nie gelernt, wie man sich als Mann ausdrücken kann.

Meine große Schwester ist behindert auf die Welt gekommen, also habe ich gelernt, mich im Hintergrund zu halten.

Meine Mutter und mein Vater haben sich permanent gestritten, also habe ich gelernt, mich aus Konflikten rauszuhalten.

Mein Vater war ein gewalttätiger Mann mit einem Alkoholproblem, also habe ich Angst vor meinem eigenen Temperament und davor, was passieren könnte, wenn ich einfach loslasse. Im Grunde nehme ich nicht wirklich am Leben teil – ich analysiere es.

Meine Mutter und meine Großmutter haben mich immer verwöhnt, und jetzt ärgert sich meine Frau, weil ich nicht in der Lage bin, für mich selbst zu sorgen.

Mein Vater hat sich nie mit uns unterhalten oder mit uns gespielt – alles, was er getan hat, war, zu arbeiten und zu schlafen. Deshalb kann ich mich nicht entspannen und einfach mit meiner Tochter spielen.

Meine Eltern hatten in ihrer Ehe so viele Probleme, dass ich nur Harmonie akzeptieren kann.

Meine Mutter wollte immer, dass alles perfekt ist, deshalb musste ich das perfekte Kind sein. Ich habe keine Ahnung, wer ich wirklich bin – ich weiß nur, dass ich nie gut genug bin.

Mein Vater hat sich immer einen Sohn gewünscht, deshalb wurde ich zu einem sehr jungenhaften Mädchen. Heute kann ich zu meiner eigenen Tochter, die gern Prinzessin sein möchte, nicht in Beziehung treten.

Alle Kinder kooperieren und passen sich der Persönlichkeit und dem Verhalten der Eltern an, und wir alle haben geniale Überlebensstrategien entwickelt, um uns einzufügen und uns wertvoll zu fühlen. Wenn wir unsere eigene Familie gründen, werden wir damit konfrontiert, dass die Überlebensstrategie, die in unserer Ursprungsfamilie gut funktioniert hat, in unserer neuen Familie nicht mehr so wirksam ist. So stehen wir vor der Herausforderung, eine Lebensstrategie zu finden, die uns die Lebensqualität ermöglicht, die wir uns wünschen und die wir verdient haben. All das wird durch die Existenz und das Verhalten unserer Kinder aktiviert. Diese wiederum haben keine Ahnung, was sie da für Knöpfe bei uns drücken, und sie tun das auch nicht mit einer bestimmten Absicht. Sie versuchen lediglich, sich anzupassen und wertvoll zu sein – so wie wir es damals getan haben.

Es steht uns frei, diese Herausforderung anzunehmen oder nicht anzunehmen – was bei manch anderer Herausforderung nicht der Fall ist. Wir werden immer einen Preis zahlen müssen, egal wofür wir uns entscheiden, aber nur wenn wir die Herausforderung annehmen, ist auch eine Belohnung in Sicht. Das ist der perfekte Tausch zwischen Eltern und Kindern. Wir schenken ihnen das Leben, und im Gegenzug geben sie uns den Ansporn, unser eigenes Leben zurückzuerobern. Jedes Mal, wenn Sie mit Ihrem Kind einen Konflikt haben oder wenn Sie sich verzweifelt und hilflos fühlen, ist das eine Gelegenheit, das für Ihr inneres Kind zu tun, was Ihre Eltern nicht tun konnten. Das ist so logisch, dass es fast schon poetisch ist!

Wenn über Elternschaft gesprochen wird, klingt das oft, als wäre diese eine Art Leistung, deren Qualität davon abhängt, wie viel man seinem Kind zu geben vermag. Das ist ein Irrglaube. Die wirkliche und entscheidende Qualität der Elternschaft wird davon bestimmt, inwieweit Sie in der Lage und gewillt sind, die Herausforderungen anzunehmen, vor die Ihre Kinder Sie stellen, und sie in mehr und besseres Leben umzuwandeln. Das Gleiche gilt für die Beziehung zu Ihrem Partner. Wenn Sie diese beiden Herausforderungen annehmen, werden Ihre Kinder bessere Eltern haben, als die meisten von uns je hatten, und sie werden so aufwachsen, dass sie sich um einiges wohler mit sich selbst fühlen. Das ist der große Reichtum gegenseitigen Lernens – und das ist das Geheimnis, wie man Selbstwertgefühl aufbaut.

Niemandem gelingt das jeden Tag und immer, ohne so egozentrisch und introvertiert zu werden, dass der Rest der Familie ausgeschlossen wird – doch wenn man es hin und wieder schafft, reicht das vollkommen aus.

Eltern fragen Jesper Juul

Thema: Macht eine 50/50-Regelung bei getrennten Familien Sinn?

Mutter: Ist diese neue 50/50-Regelung aus Ihrer Erfahrung sinnvoll, oder ist es sinnvoller für die Kinder, wenn sie eine Führung haben und am Wochenende oder alle zwei Wochen bei dem anderen Elternteil sind?

Jesper Juul: Meiner Erfahrung nach hat das nichts mit Führung zu tun. Kinder können sich doppelt und dreifach sozialisieren, sie können ohne Weiteres mit verschiedenen Normen, Regeln, Wertvorstellungen und so fort leben – das ist kein Problem. Was wir aber ganz genau wissen, ist, dass eine Scheidung dem Kind nur dann schadet – und immer dann schadet! –, wenn die Eltern nicht mindestens anständig miteinander umgehen. Und ich möchte hier ganz genau sein: Schaden heißt in meinem Verständnis, dass das Kind lebenslang eine geringere Vitalität hat. Die Eltern müssen keine Freunde sein, sie müssen nicht gemeinsam Geburtstag feiern, nichts dergleichen. Aber sie müssen … ein Mann hat es mal ganz deutlich zu seiner Frau gesagt: »Please treat me as if I were a stranger. Bitte behandle mich genauso gut, wie du einen Fremden behandeln würdest.«

Jetzt kommt diese 50/50-Regelung, und die ernsthafte Antwort ist: Wir wissen noch nicht, wie gut das funktioniert. Wir haben in Dänemark vor dreißig Jahren damit angefangen, und wir brauchen noch zehn Jahre, dann können wir tausend oder zweitausend dieser Kinder, die heute zwischen vierzig und fünfzig Jahre alt sind, fragen. Dann wissen wir es. Wenn wir sie jetzt fragen, werden sie »lügen«, denn sie kooperieren immer noch so sehr mit ihren Eltern. Erst wenn die Eltern nicht mehr leben oder wenn ihre Töchter oder Söhne genügend Abstand von ihnen haben, werden sie die Wahrheit sagen.

Kinder werden immer sagen: »Alles gut, kein Problem.« Soweit wir das heute sehen können, ist die Tendenz aber, dass die Zwölf- bis Fünfzehnjährigen es sehr anstrengend finden, wenn die Eltern genau auf dieser 50/50-Aufteilung bestehen. Es gibt Eltern – Mütter und Väter –, die in der Woche, in der ihr Kind bei ihnen ist, ausschließlich für es da sein wollen. Und das ist furchtbar für die Kinder, das ist eine riesengroße Verantwortung. Ich bekomme ein Menge E-Mails, meist von Mädchen, in denen sie Dinge schreiben wie: »Kannst du nicht bitte was darüber schreiben? Kannst du nicht meinen Vater anrufen? Es ist so anstrengend! Ich muss jede zweite Woche mit ihm zusammen sein. Er geht nicht ins Kino, er hat keine Freundin. Normalerweise, wenn ich nicht da bin, spielt er mit seinen Kollegen Tennis, aber wenn ich da bin, nicht.« Und wenn ich mich gemeinsam mit diesen großen Kindern und ihren Vätern und Müttern unterhalte, sagen die Kinder es ganz deutlich und ganz liebevoll: »Get a life! Ich will nicht dein Leben sein, das ist vorbei!«

Es gibt Kinder, die auch physisch lange Strecken zurücklegen mussten, Hunderte von Kilometern … Wenn diese Kinder früh, so mit drei bis fünf Jahren, damit beginnen müssen, passiert etwas, das nicht gut ist. Irgendwie kriegen sie sich selbst nicht gut mit auf ihrem Weg von Haushalt zu Haushalt. Leider zeigt sich das erst etwa fünf bis sieben Jahre später, und sehr oft äußert es sich in der Schule als Konzentrations- oder Lernschwierigkeiten oder etwas Ähnliches. Und die armen Kinder wissen nichts davon, weil sie es nicht gemerkt haben. Sie haben so hart gearbeitet, sie waren so beschäftigt mit »Heute bin ich der Sohn meiner Mutter, morgen bin ich der Sohn meines Vaters«, und sie haben sich nie gefragt: »Wer bin ich eigentlich – für mich?«

Jetzt gibt es in Norwegen einen Trend, da bleiben die Kinder im Haus der Familie, und die Eltern ziehen abwechselnd ein oder aus. Wenn ich Trend sage, ist das etwas zu viel gesagt – es gibt vielleicht fünfzig Familien, die das machen. Ist das besser? Ich weiß es nicht. Ich glaube nicht.

Mit Scheidungen und Trennungen haben wir uns in eine Situation gebracht, die wir überhaupt nicht kontrollieren können. Wir müssen einfach einsehen: Es kann schmerzhaft für uns sein – es kann auch eine Erleichterung sein –, aber für die Kinder ist es immer furchtbar. Die Eltern, die immer für die Kinder da sind, versuchen, das zu kompensieren. Sie sagen: »Jetzt habe ich etwas für mein Leben getan, und das hat dir wehgetan. Und nun stehe ich die nächsten achtzehn Jahre da und puste, um die Wunde zu kühlen, denn es darf nicht wehtun!«

Ob die Regelung nun 50/50 ist oder irgendeine andere – es muss in jedem Elternhaus einen Raum für den Schmerz geben! Das Kind muss seinen Schmerz mitnehmen und bei sich haben dürfen. Es muss ihm erlaubt sein, hier und jetzt traurig zu sein, Sehnsucht zu haben und so weiter. Und das ist für die meisten Eltern schwierig, denn die meisten Eltern, die sich trennen, sind sehr mit sich selbst beschäftigt. Entweder sie sind bitter oder sie sind verliebt oder erleichtert oder was weiß ich. Und diese Eltern leben in der Zukunft, und das schaffen Kinder nicht. »Ja, jetzt war es furchtbar, ich weiß, das tut mir sehr, sehr leid, die letzten drei Jahre haben dein Vater und ich … Es tut mir furchtbar leid, aber jetzt wird es besser!« Und dann sitzen die armen Kinder da und wissen nicht, was sie tun sollen. Es dauert für ein Kind drei bis vier Jahre, diese Trauer durchzuarbeiten. Und dafür müssen die Erwachsenen Raum, Platz, Flexibilität und Offenheit bieten.

4

Weibliche und männliche Führung

Die Grundlagen guter Führung durch Erwachsene sind nicht geschlechtsspezifisch, doch sie werden von Frauen und Männern in jeweils unterschiedlichen Harmonien und Rhythmen umgesetzt. Diese Unterschiede stellen eine große Bereicherung für unsere Kinder dar. Einem alten psychologischen Mythos zufolge sind die Mütter das Wichtigste in den ersten drei Lebensjahren des Kindes, doch aktuelle Studien sowie neue Familienstrukturen haben bewiesen, dass es anders ist. Wenn Babys Mutter und Vater gleichermaßen zur Verfügung haben, bevorzugen sie … beide!

Meiner Erfahrung nach ist das Wichtigste, dass Kinder beide Geschmacksrichtungen erleben und integrieren können – vor allem in den ersten vier Jahren, wenn der entscheidende Bindungsprozess zwischen Eltern und Kind stattfindet. Danach finden Kinder ihren ganz persönlichen und natürlichen Rhythmus, wenn sie zu Mutter oder Vater jeweils mehr oder weniger Nähe haben. Natürlich setzt das voraus, dass beide Eltern verfügbar und willens sind.

Unsere therapeutische Erfahrung zeigt seit einigen Jahrzehnten, dass Kinder, die Zugang zu beiden Eltern haben, besser zurechtkommen und sich harmonischer entwickeln. Diese Erfahrung wurde in den letzten Jahren durch mehrere Studien bestätigt. Bedeutet das, dass alleinerziehende oder homosexuelle Eltern »schlechte« Eltern sind? Nein, ganz und gar nicht. Sie sind genauso gute und schlechte Eltern wie alle anderen auch. Es bedeutet einfach, dass es sowohl konkrete als auch allgemeine Erfahrungen gibt, welche die Kinder dieser Eltern an einem späteren Punkt ihres Lebens sammeln müssen. Die Quintessenz ist, dass Kinder die Eltern haben, die sie haben, und dass sie Wege finden müssen, das zu überleben und damit zu leben. Das Gleiche galt auch schon für ihre Eltern und Großeltern.

Es ist egal, wie viel Energie ein Paar darauf verwendet, sich über Prinzipien, Theorien und Werte zu verständigen – die Praxis wird immer wieder anders aussehen. Das ist übrigens ein großer Vorteil für die Kinder, denn deren soziale Kompetenzen werden sich verdoppeln. Das Geheimnis einer von Mutter und Vater gemeinsam ausgeübten Führung besteht darin, den Raum zu schaffen, dass ihre Verschiedenheit Wirkung zeigen kann.

Ein Blick zurück

Vor fünfzig Jahren fand das Aufziehen von Kindern irgendwie nebenbei statt – wenn genug Zeit und Energie da waren oder wenn es Interessenkonflikte gab. Die Väter waren normalerweise abwesend, geistesabwesend oder beides, und die Mütter, deren Job es war, sich um das Zuhause, das Kochen und die Wäsche zu kümmern, verbrachten nicht mehr viel Zeit in direktem Kontakt mit den Kindern, sobald diese laufen konnten. Die Kinder waren irgendwo in der Nähe und machten ihr eigenes Ding, und die Mutter war da, wenn irgendetwas schiefging.

Seit dieser Zeit hat sich die Welt dramatisch verändert, und das Aufziehen von Kindern hat sich fast schon zu einer Art Wettkampf entwickelt, bei dem Eltern um den Titel Mama beziehungsweise Papa des Jahres kämpfen. Eine positive Folge für Kinder dieser ansonsten vollkommen sinnlosen Jagd nach Prestige. Eine aktuelle Studie[6] zeigt, dass beide Elternteile im Durchschnitt mehr Zeit mit ihren Kindern verbringen als je zuvor – und das im Deutschland des Jahres 2015, in dem in immer mehr Familien beide Elternteile berufstätig sind. Das entspricht den deutlichen Antworten vieler Kinder und Jugendlicher auf die Frage, was sie sich von ihren Eltern wünschen: Zeit. Einfach mehr Zeit.

Der Nachteil des Wandels, der sich hier vollzogen hat, ist allerdings, dass die konkurrenzbetonte Denkweise von Eltern und auch von ihren Beratern die Interessen von Kindern und Eltern voneinander trennt, und das ist sehr bedauerlich. Das Wohlbefinden von Kindern, ihre Entwicklung und ihre Lebensqualität hängen davon ab, was in der ganzen Familie los ist und wie es allen Familienmitgliedern geht – als Einzelpersonen und als Gemeinschaft. In der Jagd nach Prestige werden Kinder zu einer Aufgabe, einer Pflicht oder sogar zu einer »Investition«. So werden sie wieder zu Objekten gemacht – nur wenige Jahre nachdem die neue Entwicklungspsychologie aufgezeigt hat, dass eine Subjekt-Subjekt-Beziehung, in der beide Seiten als eigenständige Persönlichkeiten gesehen und behandelt werden, besser für alle Beteiligten ist.

Lassen Sie Ihr Kind jedes Mal, wenn Sie zusammenkommen, die Freude in Ihrem Blick sehen. Das ist das Beste, was Sie für Ihre Tochter oder Ihren Sohn tun können. Wenn Ihr Kind in Ihren Augen nur schrecklich ernste Verpflichtung, Erschöpfung und Unsicherheit oder gar Schuldgefühle sieht, müssen Sie sich beide auf harte Zeiten gefasst machen.

Kürzlich wurde ein junger Familienberater zitiert, der meinte: »Kleine Kinder zerstören das Liebesleben der Eltern.« Hier zeigt sich der auch oben beschriebene Mangel an ganzheitlichem Denken. Die Behauptung ist Unsinn. Ein Kind zu haben prägt Ihr Leben auf allen Ebenen und auf viele verschiedene Arten und Weisen, aber das ist nichts, was das Kind mit seinen Eltern *macht*. Es ist eine ganz normale Folge Ihrer Entscheidung, Eltern zu werden. Kleine Kinder zu haben wird Ihr Liebesleben und seine Häufigkeit verändern – genau wie das eine zwanzigjährige Ehe, ein von Arbeitssucht geprägter Lebensstil, Rauchen, Trinken und viele andere Dinge, für die wir uns entscheiden, tun. Es stimmt, dass viele junge Stadtbewohner die Illusion haben, ein Kind zu haben werde ihren Lebensstil in keiner Weise beeinflussen, aber das ist in erster Linie ihre Illusion und nicht die Realität ihres ungeborenen Kindes.

Diese und viele andere Denkweisen entwickelten sich vor allem durch zwei Faktoren. Der eine ist der unglaubliche Reichtum, über den wir plötzlich verfügten (wobei wir oft nicht wussten, was wir damit anfangen sollten), und der andere ist, dass die Frauen in den meisten westlichen Kulturen wann und wie sie wollen, mit oder ohne aktive Beteiligung eines Mannes Kinder bekommen können. Kinder zu haben wurde zu einer kalkulierten Entscheidung (»Unfälle« ausgenommen), sodass eine gewisse Konsumhaltung ihren Eingang in unser Denken und unser Verhalten in Bezug auf Kinder gefunden hat. Als Folge wurden Kinder zu »Gütern« und sogar zu Statussymbolen. Sie waren schon immer Symbole für Liebe, Potenz und Fruchtbarkeit, aber heute spielen sie auf der gesellschaftlichen Ebene und in Hinblick auf das Image beziehungsweise das Selbstbild ihrer Eltern eine viel größere Rolle als früher.

Ich bin nicht nostalgisch, und ich würde Eltern nie dafür kritisieren, dass sie ein Produkt ihrer Zeit sind. Doch diese Entwicklung stellt ein paar Fallgruben, die Sie vielleicht berücksichtigen sollten, bevor Ihre Führung durch die neuesten oder durch noch kommende Trends vom Weg abgebracht wird. Mit anderen Worten – ich rate Ihnen, sich auf den Ball zu konzentrieren und nicht auf die Zuschauer. Auf die konkreten Fallgruben werde ich in Kapitel 13 näher eingehen; in den Folgekapiteln geht es zunächst um die spezifisch weibliche und männliche Perspektive auf das Zusammenleben in der Familie.

Eltern fragen Jesper Juul

Thema: Ich will abends eigentlich Zeit für mich oder für meine Partnerschaft haben, aber meine Tochter will nicht schlafen gehen.

Mutter: Ich habe eine Frage. Ich habe eine dreijährige Tochter, und sie will eigentlich nicht mehr ins Bett gehen, sie will nicht mehr schlafen, das übliche Thema. Sie will nicht um acht oder neun Uhr ins Bett gehen, sondern sie möchte aufbleiben. Bei mir ist es so, ich bin halbtags berufstätig, ich bin den Nachmittag mit ihr zusammen, und spätestens um neun Uhr möchte ich eigentlich meine Zeit für mich oder für meinen Partner haben, also nur wir beide zusammen. Ich kenne meine eigene Grenze, ich möchte eigentlich meine Ruhe haben. Allerdings zeigt meine Tochter kein Zeichen von Müdigkeit, sie bleibt dann auch nicht einfach in ihrem Zimmer, sondern sie kommt runter. Also sie fordert dann, sie sagt: »Ich bin nicht müde, ich will nicht ins Bett.« Sie will auch nicht einfach nur in ihrem Zimmer spielen und Ruhe geben, bis sie müde wird, sondern sie sagt uns: »Seid für mich da, seid präsent.« Was macht man da?

Jesper Juul: Zuerst entscheidet man sich. Und diese Entscheidung ist für mich nicht ganz klar. Haben Sie sich für Ihre eigene Erwachsenenzeit entschieden? Oder wollen Sie die nur, wenn es möglich ist?

Mutter: Momentan nur, wenn es möglich ist.

Jesper Juul: Okay. Und wäre es unmöglich … beziehungsweise können Sie sich vorstellen, sich nicht nur dafür zu entscheiden, wenn es möglich ist, sondern jeden Tag?

Mutter: Ich wüsste nicht, wie. Sie kommt runter … Ich sage jetzt mal, ich kann mit ihr keinen Deal machen, indem ich sage: »Du kannst aufbleiben, du kannst oben in deinem Zimmer spielen, und du gehst dann einfach ins Bett, wann du willst.« Darauf lässt sie sich nicht ein.

Jesper Juul: Nein, weil sie ja – wie deutlich zu sehen ist – nicht nur wach sein will, sondern auch mit ihren Eltern zusammen. Ich versuche, das sehr kurz zu machen. Alle sagen dasselbe: »Kinder fordern viel Aufmerksamkeit.« Das ist richtig. Gott sei Dank brauchen sie nicht so viel Aufmerksamkeit, wie sie fordern. Das heißt aber, dass man als Mutter oder Vater Nein sagen muss, und zwar mit einem guten Gewissen. Ich habe ein Buch geschrieben, das heißt im Original: »Die Kunst, Nein zu sagen mit einem guten Gewissen« – der deutsche Titel lautet: »Nein aus Liebe«. Was bedeutet es, Nein zu sagen? Es gibt nichts, zu dem man als Eltern grundsätzlich Nein sagen müsste. Aber man muss Nein sagen – zum Beispiel zu einem Kind –, wenn es sehr wichtig ist, Ja zu sich selbst zu sagen, zu den eigenen Bedürfnissen, der eigenen Lust und so weiter. Das bedeutet, dass man lernen muss, einer Dreijährigen, wenn sie am Abend so um Viertel nach neun aus ihrem Zimmer runterkommt, mitzuteilen: »Geh in dein Bett.« Dann sagt sie vielleicht: »Aber ich will hierbleiben!« Und dann muss man bestimmt sein: »Das will ich aber nicht.« Das sollte man nicht in bösem Ton sagen, sondern einfach freundlich, aber nicht süßlich. »Das will ich nicht. Ich will nicht mit dir spielen, ich will nicht mit dir lesen. Ich will meine Ruhe haben, ich will mit deinem Vater zusammen sein. Geh in dein Zimmer.« Wenn ich so etwas sage, fragen die Eltern immer: »Aber fühlt das arme Kind sich dann nicht abgelehnt?« Die Antwort lautet: »Ja, hoffentlich! Darum geht es ja.«

Man könnte fast meinen, es sei genetisch begründet, dass es für Frauen so schwierig ist, Nein zu anderen und Ja zu sich selbst zu sagen. Aus diesem Grund rede ich auch manchmal von dem femininen Nein und dem maskulinen Nein. Männer schaffen es besser, Nein zu sagen und sich dann umzudrehen und wegzugehen. Mütter bleiben eher im Kontakt hängen. Sie wollen Konsens – eigentlich wollen sie, dass die Dreijährige dasteht und sagt: »Okay, Mutti. Das sehe ich ein, das ist vernünftig, ich gehe wieder nach oben.« Und das wird ja nie geschehen.

Ich möchte hier zwei wichtige Dinge sagen: Erstens, wenn Sie sich so verhalten, wie ich es oben beschrieben habe, wird nichts Schlimmes geschehen! Man muss sich als Mutter oder Vater allerdings fragen: »Ist es für mich sehr wichtig, bei meinem Kind immer beliebt zu sein?« Das ist nämlich auch so ein Trend. Falls das wichtig ist, muss man überhaupt nicht kämpfen. Dann passiert sowieso nichts, denn Kinder spüren unausgesprochene Beweggründe und reagieren darauf. Der zweite meiner Ansicht nach sehr wichtige Punkt ist, dass es hier um eine Sache zwischen Mutter und Tochter geht. Ich nehme an, dass Sie sich für Ihre Tochter wünschen, dass sie so etwa ab einem Alter von zehn bis zwölf Jahren mit gutem Gewissen Nein sagen kann – und zwar auch, wenn jemand dasteht und sagt: »Dann bist du aber nicht mehr meine Freundin«, oder: »Ich liebe dich doch, deshalb musst du Ja sagen.« Für das Selbstgefühl Ihrer Tochter ist es sehr wichtig, dass Sie dieses Neinsagen einfach lernen.

Und jetzt stellen Sie sich vor, Sie hätten keine Tochter, sondern einen Sohn. Für Ihren Sohn wäre es genauso wichtig, zu lernen, dass Frauen auch Nein sagen können und dass man das respektieren muss. Heute ist es leider so, dass die meisten jungen Mütter Söhne erziehen, die sie sich auf keinen Fall als Schwiegersöhne wünschen würden. Das sind so fünfundzwanzigjährige Babys. Es ist ja toll für unser Selbstbild und für unser Image als Eltern und sicher auch als Mütter, wenn man sagen kann: »Ich stehe immer zur Verfügung – ich bin kein Mensch, ich bin so eine Art Supermarkt, der von morgens früh bis abends spät geöffnet hat. Und natürlich bin ich immer für dich da.« Und all der andere Unsinn, den man heute so sagt. Wir sind nicht immer füreinander da! Und falls wir doch immer füreinander da sind, dann ist das selbstzerstörerisch. Und dann ist plötzlich die Tochter schuld, und man selbst ist nicht verantwortlich. Es geht also um viel mehr als um Erziehung und um Schlafengehen – es geht um eine sehr wichtige existenzielle Auseinandersetzung zwischen Tochter und Mutter, bei der beide etwas sehr Wertvolles lernen können. Das Thema Schlafen ist in diesem Zusammenhang unwichtig.

5

Frau und Mutter sein

Leitwölfin sein: Damit tun sich heutige Frauen immer noch schwer, sowohl im Beruf als auch im Privaten. Ja, es gibt Kanzlerinnen und Außenministerinnen, aber immer noch ist nur ein geringer Teil aller Führungspositionen von Frauen besetzt. Frauen fehlt die Übung in beruflichen und gesellschaftlichen Führungsangelegenheiten; erst langsam scheint sich dies zu ändern. Auch hier lohnt der Blick zu den Wölfen, denn Forscherinnen und Forschern wird immer klarer, dass in der Wolfsfamilie sowohl das männliche als auch das weibliche Leittier das Sagen haben; mal gemeinsam, mal jeder in seinem Bereich, je nach Situation und auch nach Temperament. Bei Gefahren beispielsweise greifen die Leitwölfe überwiegend gemeinsam an und koordinieren ihre Aktionen, wobei beobachtet wurde, dass das weibliche Leittier häufig die treibende Kraft ist.[7]

Zurück zu den Menschen mit einem kurzen Blick in die Geschichte: Sowohl die sozialökonomischen als auch die politischen Bedingungen für Frauen in den vergangenen Jahrhunderten sind gut bekannt und eingehend analysiert und beschrieben worden. Entscheidend für die heutige Situation waren die Sechzigerjahre, die die Frauen der westlichen Welt in ihren wichtigen politischen Kampf für die Gleichstellung auf allen Ebenen der Gesellschaft und der Familie führten, was auch in anderen Teilen der Welt große Auswirkungen hatte. Der Kampf geht noch immer weiter und das zu Recht.

Weder die gemäßigteren Frauenrechtsbewegungen noch die radikaleren feministischen Bewegungen haben besonderes Augenmerk auf die vielen Effekte der Unterdrückung auf individueller und existenzieller Ebene gelegt, doch diese Auswirkungen wurden von vielen Autorinnen und Autoren in Autobiografien, Romanen, Gedichten, Dokumentationen, Filmen und so weiter beschrieben. Die einzelne Frau und ihr Selbstbild wurden vor allem dann öffentlich diskutiert, wenn Journalisten versuchten, die Gründe dafür zu analysieren, warum sich relativ gesehen so wenig Frauen auf hohe Positionen bewerben, sich also quasi selbst unten halten und von Macht und Einfluss abtrennen.

Als Trainer und Psychotherapeut bin ich meistens mit den Schwierigkeiten konfrontiert gewesen, die viele junge Frauen auf einer viel existenzielleren Ebene haben, nämlich die Art und Weise, wie sie sich zu sich selbst und zu ihren Nächsten und Liebsten – Kindern, Partnern und Eltern – verhalten. Ich habe keinen Zweifel daran, dass ihr Verhalten in der politischen, sozialen und religiösen Unterdrückung wurzelt, aber diese Tatsache allein bietet nicht viel mehr als eine gute Erklärung. Wie ich bereits erwähnt habe, irritiert es mich oft, wenn ich Beschreibungen von Frauen und Müttern in der populären Tagespresse und auch in ernsthafteren

Medien lese. Fast immer werden sie als isolierte Individuen beschrieben, deren Verhalten und Unzulänglichkeiten Persönlichkeitsmerkmale sind und nicht soziale beziehungsweise systemische Reaktionen.

Es mag mit Sigmund Freud begonnen haben und seinen Beschreibungen der »Mutterfixierung«, die auf eine ungesunde emotionale Abhängigkeit zwischen Müttern und Söhnen hindeutet, und des »Ödipuskomplexes«, der sexuell motivierte Emotionen von Söhnen gegenüber ihren Müttern beschreibt. So wie es für jeden von uns gilt, ist Freuds Perspektive und Analyse teilweise geprägt von der Kultur und den Familienmustern seiner Zeit. Das heißt, dass seine Beobachtungen, obwohl sie zu seiner Zeit gestimmt haben mögen, heute nicht unbedingt stimmen müssen, denn wir wissen inzwischen so viel mehr über Familienpsychologie und Systemtheorie.

Heute können wir leicht feststellen, dass »Mutterfixierung«, obwohl sie noch immer vorhanden ist (daher auch das schon eingangs erwähnte umstrittene Titelblatt des Time-Magazins), ein Ergebnis der väterlichen Abwesenheit ist, also der physischen und emotionalen Abwesenheit der Männer und Väter in ihren Partnerschaften und in den Beziehungen zu ihren Kindern. Das bedeutet, dass sich eine ungesunde Nähe und gegenseitige Abhängigkeit zwischen Mutter und Kind nur entwickeln kann, wenn die Beziehung zwischen Mann und Frau unzulänglich ist, weil der Mann nicht an seinem Platz ist.

Wenn Sie folglich Müttern begegnen, denen unter Zuhilfenahme dubioser Behauptungen vorgeworfen wird, dass sie sich auf der Suche nach emotionaler Erfüllung an ihre Kinder wenden, ermutigen Sie diese Mütter doch einfach, ihre Bedürfnisse als Frauen ernst zu nehmen und ihre männlichen Partner aufzurütteln. Es ist höchste Zeit, das alte Sprichwort »Kein Mensch ist eine Insel« unter spezifisch weiblichen Gesichtspunkten zu betrachten: »Keine Frau ist eine Insel«.

Frauen und Mütter aus dieser systemischen Perspektive heraus zu betrachten wirkt auf den ersten Blick ein bisschen düster, und es motiviert eine wachsende Anzahl von Frauen, auf die Gründung einer Familie zu verzichten. So einfach diese Reaktion auch erscheint, so bedauernswert ist sie, denn die persönliche Entwicklung auf einer existenziellen Ebene fällt den allermeisten Menschen viel leichter innerhalb einer festen Beziehung mit Kindern und einem anderen Erwachsenen. Eine Gesellschaft zu verändern ist eine überwältigende intellektuelle und politische Herausforderung, während sein eigenes Verhalten zu ändern eine große emotionale Herausforderung ist. Und die gelingt leichter, wenn man sich mit vertrauten Menschen in engen Beziehungen umgibt.

Basierend auf meinen Erfahrungen als Familien-, Gruppen- und Paartherapeut habe ich mich dafür entschieden, das Verhalten von Frauen und Müttern in dem Kontext, in dem sie aufgewachsen sind und in dem sie leben, zu sehen, anzuerkennen und zu bewerten. Der interaktive Prozess zwischen Kultur und Individuum geht in beide Richtungen und das manchmal auf überraschende Weise. Eine rein individuelle Perspektive macht für mich keinen Sinn, wenn ich die Realität betrachte.

Die Angst vor Egozentrik überwinden

Seit ich als Psychotherapeut zu arbeiten begonnen habe und egal innerhalb welcher sozialen Gruppe, habe ich immer wieder die gleiche Erfahrung gemacht. Wann immer eine frustrierte, unglückliche und unzufriedene Frau anfing, ihr wahres Selbst zu entdecken, wurde sie von der Angst überwältigt, egozentrisch zu sein oder als egozentrisch abgestempelt zu werden, und es vergingen Momente, Tage, Wochen und manchmal sogar Jahre, in denen diese Angst stärker war als der Wunsch, sich besser zu fühlen. Kein Wunder, denn für Frauen wurden Liebe und korrektes soziales Verhalten einfach als das, was wir »die Kunst der vollständigen Selbstaufopferung« nennen könnten, definiert. Es besteht kein Zweifel, dass diese Definition sowohl von Männern kommt als auch aus einer sehr frühen Festlegung von männlichen und weiblichen Rollen als Basis für das Überleben der Menschheit. Politik und Religion haben ebenfalls ihre schmutzigen Hände im Spiel. Die Tatsache, dass Frauen seit mehr als einem Jahrhundert gegen dieses Paradigma gekämpft haben, und der Umstand, dass insbesondere die katholische Kirche ihre moralische Integrität und Überlegenheit verloren hat, machen Platz für ein neues Paradigma. Interessanterweise ist dieses neue Paradigma sehr nah an einem grundlegenden sozialen Gebot des Christentums und anderer Religionen: Du sollst deinen Nächsten lieben wie dich selbst! Unsere Fähigkeit, andere zu lieben, hängt davon ab, inwieweit wir uns selbst lieben können. Leider waren fast alle Theologen Männer, die an der Macht der Definition festhielten und dieses Gebot komplett männerbezogen interpretierten.

Wie oben schon im Zusammenhang mit dem Ausschluss der Frauen aus politischen und wirtschaftlichen Zusammenhängen erwähnt, ist ein großer Teil des aktuellen Problems natürlich mangelnde Übung, auch im privaten Bereich. Innerhalb der männlich dominierten Machtstrukturen war es für Frauen nie möglich, Nein zu sagen und ihre persönlichen Bedürfnisse, Werte und Grenzen auszudrücken, das heißt, ihre persönliche Integrität mit Klarheit und Stolz zu definieren. Aus sozialökonomischen Gründen mussten sie Einsamkeit und Minderwertigkeit erdulden, ansonsten waren sie der Angst ausgesetzt, ausgegrenzt und verlassen zu werden. Eine ungehorsame Frau kann weder eine gute Partnerin noch eine gute Mutter sein! Und: Zu jeder echten Führung gehört ein gewisses Maß an Ungehorsam, ein immer gehorsames Mädchen kann nicht führen. Kein Wunder, dass diese Vergangenheit sich nicht so leicht auswaschen lässt wie die Haartönung der letzten Woche.

Wenn es um Mutterschaft geht, lässt sich leicht erklären, warum sie oft in Selbstaufopferung endet. Die Selbstaufopferung ist eine Grundvoraussetzung, um das Überleben eines Kindes zu ermöglichen – aber nur in den ersten 18 Monaten! Danach ist es Zeit, dass Sie Ihre eigenen Grenzen und Bedürfnisse wieder einfordern und – was noch wichtiger ist – dass Sie diese noch besser kennenlernen in der Entwicklung der Beziehung zu Ihrem Kind. Das Gleiche gilt in der Liebesbeziehung zu einem Mann. Wenn Sie jung und wirklich Hals über Kopf verliebt sind, werden Sie Teile Ihrer Integrität für die Illusion des »Wir« opfern und für die absolute, freudige Erfahrung der Symbiose und der Verschmelzung. Nimmt die massive Präsenz von Hormonen langsam ab, stehen Frauen vor der großen Frage: Kann ich diesen Mann lieben und zugleich eine Art Koexistenz entwickeln, in der nicht nur jeder von uns genug Raum hat, zu sein, wer er ist, sondern auch Raum, um in seiner Individualität zu wachsen und diese weiterzuentwickeln? Um gemeinsam Leitwölfe in der Familie zu sein? Das ist das neue Paradigma von Ehe und Beziehung. Davon hängt auch das Wohl unserer Kinder ab. Kinder brauchen genau diese Art Lebensbedingungen, und sie brauchen Vorbilder, um zu lernen, wie man auf eine Weise lieben kann, die nicht selbstzerstörerisch ist.

Es gibt einige wirklich egozentrische Menschen unter uns, aber die sind alle vernachlässigt und unglücklich und stellen keine Bedrohung für die Gesellschaft dar. Das sind sehr einsame Menschen ohne Empathie, und sie wissen nur, wie sie andere missbrauchen können. Ich bin davon überzeugt, dass 90 Prozent aller jungen Frauen sich selbst im Spiegel anschauen und feststellen können, dass sie nicht egozentrisch sind. (Statistisch gesehen sind rund 10 Prozent aller Kinder Opfer schwerer Vernachlässigung oder eines Missbrauchs, und viele von ihnen verlieren ihre Empathiefähigkeit.) Es gab eine Zeit, in der viele Mütter narzisstisch waren oder, besser gesagt, ein narzisstisches Verhalten als Symptom der Einsamkeit in ihren Partnerschaften entwickelten. Indem die Macht der Frauen zunahm und die Ausweitung ihrer sozialen Möglichkeiten voranschritt, ging dieses Symptom zurück, und es ist heute fast nur noch bei Frauen von etwa 60 bis 70 Jahren zu finden.

Die Angst vor gesunder Individualität und die Macht, diese als »Egozentrik« zu definieren, sind ein Markenzeichen aller autoritären Regime und der fundamentalistischen Auslegungen von Religion. Grundlage sind weder eine psychologische Einsicht oder existenzielle Aspekte des menschlichen Lebens noch ein Verständnis davon, was wirklich gut für Menschen ist, sondern nur der Wunsch, die Kontrolle und absolute Macht über andere Menschen zu besitzen – sowohl über kleine als auch über erwachsene. Neben Gehorsam und Konformität produziert so etwas Schuld und Scham, die in der klinischen Psychologie als die beiden selbstzerstörerischsten Gefühle angesehen werden, an denen wir leiden können. Beide sitzen tief in jedem Drogensüchtigen, jedem Alkoholiker, in jeder Essstörung, in jedem jungen Menschen, der sich selbst verletzt, und in jeder misshandelten Frau. Diese Tatsache bedeutet auch, dass Sie von keiner Autorität in Ihrem Leben erwarten können, Sie von Schuld zu befreien – es sei denn, Sie missachten die Befehlskette und kommunizieren direkt mit Gott. Sie müssen es selbst tun und dabei mögliche Anschuldigungen riskieren – vor allem die anderer Frauen, die noch immer die Sicherheit der Konformität bevorzugen.

Liebe ohne Selbstzerstörung

Die selbstzerstörerische Liebe, die so viele Frauen leben, ist mit einem sehr hohen Preis verbunden. Zunächst und ganz entscheidend für die Frauen selbst, die mit ihrer psychischen und physischen Gesundheit und letztlich dysfunktionalen Beziehungen und Einsamkeit bezahlen. Die Belohnungen der Selbstaufopferung existieren nur in ihrer Fantasie, und ihre Enttäuschung ist selbst verschuldet. Letztendlich werden sie für ihre Opfer verantwortlich gemacht, und ihre

Nächsten können weder ihrem hohen Standard gerecht werden noch der Schuld entkommen, die dann noch an die nächste Generation weitergegeben wird. Ihre Kinder können in der Lage sein, diesen Teufelskreis zu stoppen, wenn sie den Mut und die persönliche Integrität haben, dies zu tun, indem sie ihrer Mutter nicht die gleiche nutzlose Währung zurückzahlen. Wenn nicht, ist der Bankrott der moralischen Integrität und der gesunden Beziehungen die einzige Folge.

Wann immer ich die Möglichkeit habe, Frauen zu beobachten, wenn sie mit engen Freundinnen zusammen sind, wenn sie ihren Beruf ausüben, in einem Chor singen, ihr Kind verteidigen oder einkaufen gehen, erscheinen sie mir wie starke, schöne und selbstbewusste Tigerinnen. Sobald aber ihre Ehepartner, Freunde oder Kinder in den Raum kommen, beginnen viele, sich wie Hauskätzchen zu benehmen. Entweder werden sie Opfer oder sie verwandeln sich in unausstehliche Kontrollfreaks, die andere zum Opfer machen.

Ich würde gerne wissen, warum das immer wieder geschieht. Viele Frauen haben versucht, das Geheimnis zu lüften, aber entweder bin ich zu einfältig, es zu verstehen, oder einfach nicht qualifiziert aufgrund meines Geschlechts. Was auch immer der Grund ist, ich tappe noch immer im Dunkeln, wenn es um dieses Mysterium geht. Die einzige Erklärung, die mir einfällt, ist, dass ihre männlichen Partner keine Ahnung haben, uninteressiert sind (oder beides) oder vor der wundervollen Kraft ihrer Partnerinnen Angst haben und deshalb die Frauen nicht einladen und ermutigen, dieser Kraft in der Partnerschaft Präsenz zu geben. Es gehören immer zwei dazu, wie das Sprichwort sagt.

Viel zu viele Mütter werden von ihren Kindern überrannt. Das liegt entweder daran, dass sie nicht in der Lage sind, ihre eigene Existenz ernst zu nehmen, oder dass sie zu Opfern werden, indem sie eine Tugend aus ihrer Unfähigkeit machen und sich dafür entscheiden, übermäßig beschützende, bedienende, betreuende und kontrollierende Mütter zu werden; überzeugt davon, dass es genau das ist, was ihre Kinder brauchen. Im besten Fall ist dies eine selbstzerstörerische Projektion, und im schlimmsten Fall überträgt sich die Unfähigkeit auf ihre Kinder, die keine andere Wahl haben, als zu glauben, dass das Verhalten ihrer Mutter die wahre Liebe ist. Ein großer Prozentsatz dieser Kinder entwickelt eine sogenannte »erlernte Hilflosigkeit«[8], und eine weitere große Gruppe rebelliert und riskiert dadurch Medikation und Therapie.

Auch hier spielt der Blick auf die männliche Seite eine große Rolle, denn all das geschieht selten in Familien, in denen die Männer präsent und als Partner und als Väter aktiv sind und eine angemessene Bindung zu ihren Kindern aufgebaut haben. Wo das nicht geschieht, entfremden sich die Frauen natürlich von ihren männlichen Partnern, welche ihre darauffolgende eigene Einsamkeit verdient haben, da sie nicht eingegriffen und die Illusion ihrer Partnerin zerstört haben.

Auf diese Weise wird mütterliche Liebe manchmal zu einem zweifelhaften Geschenk mit wenig oder keinem Nährwert. Aber noch einmal: Es gibt keinen Grund, die Mütter schuldig zu sprechen, sondern nur die Notwendigkeit, darauf hinzuweisen, dass es Grenzen gibt für ihre Weisheit und ihre Fähigkeiten, wenn sie allein gelassen werden. Diese Frauen sowie alle alleinerziehenden Mütter und ihre Kinder würden enorm profitieren, wenn sie mehr über sich selbst lernen könnten und die Möglichkeit bekämen, ihre persönlichen Grenzen und Bedürfnisse zu definieren. Nur auf diese Weise werden sie in der Lage sein, gesunde Beziehungen zu ihren Kindern aufzubauen, die im Gegenzug ebenfalls wachsen und gedeihen können durch die zusätzliche Unabhängigkeit (die Jungen) und durch ein gutes, verlässliches Vorbild (die Mädchen).

Die Jungen würden lernen, Mädchen und Frauen zu respektieren, und die Mädchen würden erfahren, dass es in Ordnung ist und sogar liebevolles Verhalten, Nein zu sagen und für die persönliche Integrität Sorge zu tragen.

In heutigen Gesellschaften kann dieses Gleichgewicht sehr schwer zu finden sein. Vielleicht müssen oder wollen Sie als Frau arbeiten gehen, während Sie gleichzeitig von den Medien mit Forderungen bombardiert werden, mehr Zeit mit Ihren Kindern zu verbringen. Oder Sie und Ihr Partner wählen einen traditionelleren Lebensstil, bei dem Sie zu Hause mit den Kindern sein können, während Ihr Partner lange Arbeitszeiten auf sich nimmt, um die Familie zu ernähren. In beiden Szenarien ist die Wahrscheinlichkeit groß, dass Sie am Ende mit dem Gefühl dastehen, eine alleinerziehende Mutter zu sein, weil alle Verantwortung für die Kinder auf Ihren Schultern lastet. Manche Frauen gedeihen in diesen Situationen, und andere kommen damit gerade noch klar. Doch in der Mehrheit baut sich langsam eine Zeitbombe an Frustration und Einsamkeit auf, die schließlich zu emotionaler Armut und/oder Trennung führt. Bevor dies geschieht, macht es vielleicht Sinn, sich ins Gedächtnis zu rufen, dass das wertvollste Geschenk, das Sie Ihren Kindern geben können, ist, sich gut um sich selber und um die Paarbeziehung zu kümmern. Ihre Integrität zu opfern ist keine Liebe; es ist nur ein Opfer, und es beeinflusst alle Mitglieder einer Familie in einer negativen Weise, auch wenn Sie es aus Liebe tun.

Wir alle – Erwachsene wie Kinder – müssen in der Lage sein, persönliche Entscheidungen auf der Basis dessen zu treffen, wer wir sind (obwohl wir dazu erzogen wurden, das Gegenteil zu glauben). Es ist kein Zufall, dass das konform mit dem ist, was wir über die Entwicklung des Selbstwertes, über stabile geistige Gesundheit und über qualitätsvolle Beziehungen, die auf gegenseitiger Liebe und Respekt basieren, wissen. Frauen haben in nur einer Generation einen langen Weg zurückgelegt, aber als Mütter und Partnerinnen scheint der traditionelle Blick auf Liebe und Fürsorge sie auszubremsen. Eine ähnliche Aussage könnte über Männer und Väter gemacht werden, und deshalb würden Paare und ihre Kinder enorm von einem Austausch von Gedanken, Erfahrungen und Gefühlen rund um zentrale Themen wie persönliche Integrität, Schuld und Aufopferung profitieren. Das Geheimnis erfolgreicher Beziehungen mit Partnern und Kindern ist nicht so sehr, was wir tun, sondern wie und warum wir es tun. In unseren Herkunftsfamilien lernen wir eine erste Version davon, wie man liebt. Unsere eigene Familie steckt voller Möglichkeiten, eine zweite und sogar dritte Version zu entwickeln.

Von persönlicher Integrität und dem Recht, Nein zu sagen

Nachdem ich beschrieben habe, was sich meiner Ansicht nach als die beiden selbstzerstörerischsten Faktoren im Selbstbild von Frauen und in ihren Versuchen, als Mütter und Partnerinnen zu überleben, identifizieren lässt, möchte ich meine Auffassung von persönlicher Integrität darstellen. Nach den beiden Weltkriegen haben wir einen gesunden Respekt für die nationale, religiöse und politische Integrität von Staaten und Völkern entwickelt. Dieser wurde zu einem führenden Paradigma, das darauf zielte, das Recht des Stärkeren zu ersetzen. Doch unser Verständnis von und unser Respekt für die persönliche Integrität eines jeden Menschen befinden sich nach wie vor in einer quälend langsamen Entwicklung, auch wenn das Thema in der UN-Menschenrechtskommission sowie in der Charta der Kinderrechte schon gut definiert ist, die beide nach und nach von einer Mehrheit der Nationen aufgenommen werden.

Auf einem der frühen Banner der Frauenbewegung stand: »Das Recht, NEIN zu sagen!«, was im Grunde als das Recht verstanden wurde, aus dem erwarteten Rollenbild herauszutreten und zu sexuellem Gebrauch und Missbrauch Nein zu sagen. In einer anderen Terminologie bedeutete es das Recht, als »Subjekt« (also als wirkliche Person) statt als Objekt behandelt zu werden, das manipuliert, herumgestoßen und nach dem Willen von Männern missbraucht werden kann. Das ist im Grunde genommen das gleiche Prinzip, das wir nun in den Beziehungen zwischen Erwachsenen und Kindern umzusetzen versuchen: eine Subjekt-Subjekt-

Beziehung, die mit gleicher Würde auf beiden Seiten gelebt wird.

Frauen als Objekte zu sehen ist immer noch in den meisten Ländern und Kulturen tief verwurzelt. Sollten Sie Zweifel daran haben, werfen Sie einen Blick auf die erschreckende Zahl von sexuellen Nötigungen und Vergewaltigungen in den USA und in anderen Ländern, auf die Anzahl der misshandelten Frauen auch in den meisten westlichen Gesellschaften und auf den dramatischen Anstieg des Menschenhandels, der zwar von primitiven Männern angeführt werden mag, aber nur deswegen existiert, weil es genug primitive Männer auf der anderen Seite der Grenze gibt, die eine profitable Gruppe von Kunden darstellen.

Es ist interessant und äußerst widersprüchlich, dass auch Frauen dabei mitwirken, Kinder zu Objekten zu machen. Bereitwillig kaufen sie unter dem gefälschten Namen »Adoption« Neugeborene von Armen und von oft unter Anwendung von Gewalt geschwängerten Müttern. Sie und ihre Ehemänner erwerben bereitwillig Organe von Kindern, die dafür operiert und im Namen des Profits sogar getötet werden, und erstaunlich viele Mütter verschließen die Augen vor dem sexuellen Missbrauch ihrer Kinder durch ihre Ehemänner und Liebhaber. Noch viel mehr Frauen akzeptieren sowohl physische als auch verbale Misshandlungen ihrer Kinder im Namen der Liebe, für guten Sex oder für gutes Geld.

Dennoch scheinen sich die Dinge in die richtige Richtung zu entwickeln: Respekt für die persönliche Integrität von Frauen. Das erfordert natürlich ein gutes Stück Selbstachtung vonseiten der Frauen, und schlechtes Gewissen,

Schuld und Scham sind Gift für die Selbstachtung. Es sei denn, Frauen realisieren, dass diese Gefühle nicht angeboren sind, sondern dass sie ihnen lediglich durch eine Kultur aufgezwungen wurden, die immer noch ungebildet in Bezug auf menschliche Würde und Menschenrechte ist.

Persönliche Integrität besteht aus den persönlichen Grenzen, Werten und Gefühlen jedes einzelnen Menschen. Dem Recht auf Ruhe, wenn wir erschöpft sind. Dem Recht, zu lieben und aufmerksam zu sein, wenn wir dies wollen. Dem Recht, Nein zu sagen. Dem Recht, für unsere Werte einzustehen und zu kämpfen. Dem Recht, zu weinen, wenn wir traurig sind, und zu schreien, wenn wir wütend sind. Dem Recht, unsere Träume und Sehnsüchte zu erfüllen.

Das sind natürlich die Rechte aller Menschen. Ich werde das in Kapitel 7 beschreiben, in dem es um die Rechte der Kinder geht. In Kapitel 6 sowie in meinem Buch »Mann & Vater sein«[9] beschreibe ich die historische Erniedrigung und Misshandlung von Männern.

Wenn es um Frauen und Mütter geht, glaube ich, dass das Schlüsselwort *persönliche Grenzen* heißt. Das ist es zumindest, was ich täglich erlebe, wenn ich Mütter und Kinder zusammen sehe und wenn ich höre, wie Frauen über ihre Rolle als Mutter sprechen. Ich sehe Mütter, die nicht in der Lage sind, ihre persönlichen Grenzen zu definieren und auszudrücken. Dabei sind sie oft so frustriert, dass sie wissen wollen, wie sie Grenzen für ihre Kinder setzen sollen – als ob Regeln für Kinder persönliche Grenzen ersetzen könnten. Die Logik hinter diesem Denken scheint zwei Ursprünge zu haben. Der eine ist die alte Idee, dass Kinder Grenzen (in Form fester und konsequent ausgeführter Regeln) brauchen.

Zum anderen scheint es für diese Frauen einfacher zu sein, zu verlangen, dass Regeln ernst genommen werden, als zu fordern, dass sie selbst ernst genommen werden.

Was wirklich mit den netten Mädchen passiert

Da Frauen nie echt und sich selbst treu sein durften, wurden sie in die Rolle des netten Mädchens gezwungen und manipuliert. Sie sollten höflich, ruhig, gehorsam, dienend, liebenswert, süß, weich, dezent sexy und wohlerzogen sein, und auch heute noch folgt eine Menge junger Mädchen und Frauen diesem Aufruf. Diese Mädchen sind begehrt auf dem Heiratsmarkt und beliebt als Sekretärinnen, Krankenschwestern, Lehrerinnen, Verkäuferinnen, Kellnerinnen und TV-Moderatorinnen. Vorschullehrer, Lehrer und Universitätsprofessoren lieben sie, weil sie so »unkompliziert« im Umgang sind – immer eifrig bemüht, allen zu gefallen.

All diese Persönlichkeitsmerkmale sind im Prinzip in Ordnung und zerstören weder die eigene Lebensqualität noch enge Beziehungen. Umsichtig angewandt erweitern sie sogar die Möglichkeiten, die wir im Umgang mit unseren Mitmenschen und auf dem Arbeitsmarkt haben. Die negativen Folgen treten nur dann auf, wenn wir keine andere Wahl haben. Wenn wir nicht wählen können, wann wir nett, höflich und sozial sind und wann wir wirklich wir selbst, authentisch und präsent sein wollen – drei Eigenschaften, die den Kern naher, auf Liebe basierender Beziehungen bilden und die eine Voraussetzung für die emotionale und seelische Gesundheit des Einzelnen sind. Aus diesen Eigenschaften entwickeln wir Resilienz, seelische Stabilität und innere Stärke – unverzichtbare Grundsteine auch für die Fähigkeit, zu führen.

Die Welt verändert sich und so auch unsere Werte, und während die Welt auf immer neue Katastrophen zuzusteuern scheint, tragen die mit dem neuen Paradigma verknüpften Werte zu besseren und gesünderen Beziehungen bei. Sie waren schon immer ein nahezu verborgener Teil unserer vererbten Weisheit, und Disziplinen wie Psychotherapie, Familientherapie und Psychiatrie haben diesen Zusammenhang immer bestätigt. Es ist nun Zeit für Frauen und Mütter, diese Werte anzunehmen, zu wachsen und ihr Potenzial zu entfalten, auch im Hinblick auf ihre Rolle als die Leitwölfinnen in der Familie.

Nur eine Generation zuvor sind wir den netten Mädchen begegnet, als sie 40 geworden sind und ihre Rolle angefangen hatte, wehzutun und ihr Sein zu beeinträchtigen. Heute treffen wir sie in der Jugendpsychiatrie, bei Schulpsychologen und in den Sprechstunden der Hausärzte. Sie fühlen sich verloren, unfähig, die Erwartungen von Familie und Gesellschaft zu erfüllen, und ihre Lebenskompetenz ist eingeschränkt. Das macht sie traurig und unglücklich, was leider oft mit einer klinischen Depression verwechselt wird, und dann bekommen sie Medikamente, oft die gleichen, die auch ihre Mütter nehmen. Wenn die erwarteten positiven Wirkungen dieser Medikamente nicht wie vorhergesagt nach drei bis fünf Wochen eintreten, fühlen sie sich noch schlimmer und beginnen, an Selbstmord zu denken, oder sie wählen einen anderen der vielen selbstzerstörerischen Pfade, die verfügbar sind. Tatsache ist, dass diese Mädchen meistens eine existenzielle Krise aufgrund ihres eingeschränkten und ungesunden Rollenbildes erleben; deshalb sollten sie ermutigt werden, daraus auszubrechen, statt wieder zu versuchen, sich zu fügen und anzupassen. Sie haben gewissenhaft und mit einer enormen Verantwortung versucht, nach dem Skript zu leben, das wohlmeinende Eltern und Lehrer – ihre beiden wichtigsten Quellen für Anleitung und Feedback – für sie geschrieben haben. Jetzt verdienen sie unsere Unterstützung bei dem Versuch, ihr eigenes Skript zu schreiben.

»Was willst *du?*« ist dabei die hilfreichste Frage, so wie »Was will *ich* wirklich?« der Schlüssel zu einem besseren und erfüllteren Leben für ihre Mütter ist. Diese Fragen führen weder zu asozialem Individualismus noch zu Egozentrik. Sie könnten zu Konflikten mit Autoritäten führen, denen es gefallen hat und die damit zufrieden waren, wie diese Frauen vorher waren, und die es daher vorziehen, sie zu diagnostizieren, wenn sie vom Skript abweichen, statt sich zu freuen über ihren tiefen Wunsch, auf ihrem eigenen Boden zu wachsen und zu blühen. Dann wiederum könnte dieses Durcheinander genau das sein, was sich als ein Geschenk für beide Partner und für die Kinder herausstellen wird. Fast jeden Tag treffe ich Frauen, die eine Trennung von ihrem Partner erwägen, und obwohl das tatsächlich manchmal die beste Lösung für alle sein kann, ist es auch klar, dass es für viele dieser Frauen und deren Familien die klügere Wahl wäre, sich stattdessen von der von ihnen adaptierten Rolle der Gefälligen zu trennen.

Mütter und Töchter

Frauen sind nicht immer nett zueinander, und wir sehen viele Mütter, die aggressiv versuchen, ihre erwachsenen Töchter an der Leine zu halten und deren Leben zu bestimmen. Das ist ein Verhalten, das keinesfalls mit Führung verwechselt werden sollte. Ihre persönlichen Grenzen zu definieren und darauf zu bestehen, dass diese eingehalten werden – auch von Ihrer Mutter oder Ihrer Schwiegermutter –, ist ein naheliegender erster Schritt zu einem besseren Leben. Oftmals kennen diese Frauen nichts anderes, als entweder nett zu sein oder gemein und pathetisch. Beziehungskrisen mit ihren Töchtern sind vielleicht genau das, was sie benötigen, um ein bisschen tiefer in ihrem eigenen Leben zu graben und dadurch eine zweite Chance zu bekommen. Sie müssen nicht aufhören, Ihre Mutter zu lieben, aber lassen Sie nicht zu, dass die Liebe zu ihr Sie daran hindert, Ihr eigenes Leben zu verbessern. Niemand würde Ihnen jemals dafür danken, und letztendlich würde es die Liebe töten, die Sie einst für Ihre Mutter empfunden haben. Ich habe genug Frauen getroffen, um zu wissen, dass das, was ich hier beschreibe, eine schwere Entscheidung ist, aber glücklicherweise ist es Ihre Entscheidung.

Nette Mädchen haben oft viel Selbstvertrauen, weil sie viel positives Feedback, gute Noten, Lob und Ermutigung bekommen. Sie haben jedoch ein geringes Selbstwertgefühl, weil niemand je daran interessiert war, wer sie wirklich sind. Als Mutter können Sie Ihren Töchtern in vielerlei Weise helfen, um zu verhindern, dass das »Nette-Mädchen-Syndrom« deren Leben übernimmt. Versuchen Sie nicht, sie nach Ihrem Wunschbild zu formen, sondern hören Sie ihnen zu, lernen Sie sie wirklich kennen und lieben Sie sie dafür, wer sie sind. Sagen Sie ihnen, dass niemand das Recht hat, sie zu definieren, auch wenn positives Feedback sich gut anfühlt und negatives schlecht. Nur die Töchter selbst haben dieses Recht, und Sie können ihre vielen Versuche, die konstruktivste Balance zwischen Anpassung und Individualität zu finden, unterstützen. Die Fähigkeit, sich anzupassen, ist wichtig für unser aller Leben, egal wie alt wir sind, aber wenn man keine Verbindung zu sich selbst hat, führt sie nur zu Leid und Elend.

Die entscheidende Frage ist natürlich, ob es möglich ist, sich selbst treu zu bleiben und dabei immer noch gute Noten zu bekommen und von anderen Menschen gemocht zu werden. Basierend auf unseren Erfahrungen ist die Antwort ein klares JA! Ein fünf, sieben oder vierzehn Jahre altes Kind wird für seine Fähigkeit, ausgewogen und selbstbewusst zu handeln, bewundert und beneidet. Als erwachsene Frau werden Sie vielleicht erleben, dass einige Ihrer Freunde Ihnen den Rücken zukehren, und das Gleiche könnte Ihnen mit einem Ihrer Geschwister oder deren Ehepartnern passieren. Das ist deren Verlust. Beliebt zu sein und gemocht zu werden ist einfach. Mit sich selbst zufrieden zu sein und sich selbst zu mögen ist viel schwerer. Ihr Partner wird es vielleicht schwieriger und herausfordernder finden, mit Ihnen zu leben, als zu der Zeit, als Sie beide sich kennengelernt haben – das ist seine Chance, zu wachsen und Ihre gemeinsame Beziehung zu verbessern. Ihre Kinder werden anfänglich vielleicht ein bisschen verwirrt sein, aber bald werden sie Sie bewundern und Ihren Rat suchen.

Um zu viel destruktiven und Energie verbrauchenden Streit mit den Menschen um Sie herum zu vermeiden, denken Sie daran, dass niemand die Schuld für Ihre Lage trägt. Die anderen wussten es auch nicht besser, genau wie Sie. Von dem Moment an, als Sie zum ersten Mal einen Blick erhascht haben auf die Möglichkeit, Ihre Lebensqualität und Ihre Gesundheit zu verbessern, ist die Verantwortung auf Sie übergegangen. Das ist ein einsamer Ort, und das Abwägen der Vor- und Nachteile ist Ihr Privileg. Und der erste Schritt hin zu einer erfolgreichen Führung in der Familie.

6

Wo sind die Männer und Väter?

Die Einsamkeit von Frauen und Müttern ist auch in heutigen Familien offensichtlich, und daraus resultiert, dass Kinder entweder übermäßig beschützt und verwöhnt oder vernachlässigt und überfordert werden. Sie führt auch dazu, dass junge Mädchen gleich wie ihre Mütter geprägt werden und dass Jungen verwirrt und allein in einer weiblich dominierten Kultur ohne männliche Vorbilder aufwachsen, was es für sie wiederum schwierig macht, erwachsen zu werden und zu reifen, und so sind sie prädestiniert, die Fehler ihrer Väter zu wiederholen.

Die gute Seite daran ist – aus weiblicher Sicht –, dass Frauen und Mütter oftmals weiser sind als ihre männlichen Partner. Weil sie so viel mehr Zeit mit ihren Kindern verbringen, erlangen sie größere Lebensweisheit. Unglücklicherweise für beide Seiten haben einige Frauen aber ein Kommunikationsproblem, das es ihnen erschwert, ihre Weisheit in einladender und inspirierender Weise zu vermitteln. Stattdessen schrecken sie ihre Partner durch Kritik und Schuldzuweisungen ab, weil diese Dinge nicht tun, auf die sie nicht vorbereitet sind. Wenn wir uns das Gleichgewicht zwischen Männern und Frauen wie eine Wippe vorstellen, sind die Männer oben in puncto Geld und Macht und unten in Bezug auf Weisheit und Lebenskompetenz. Der erste Unterschied gleicht sich langsam aus. Das zweite Ungleichgewicht hat gerade erst begonnen, sich zu verlagern, indem sich immer mehr Männer dafür entscheiden, engagierte und involvierte Väter zu sein, und zwar um ihrer selbst willen und nicht nur, um ihren Frauen zu gefallen.

Gemeinsam stark

Leitwolf in der Familie sein, zusammen mit der Partnerin, so man nicht alleinerziehend ist - was kann das heute bedeuten? Die in den vorhergehenden Kapiteln beschriebenen Veränderungen für die Frauen bringen ganz automatisch auch Änderungen für die männliche Seite mit sich, und um die soll es im folgenden Kapitel gehen. Dem Wunsch der Männer, ihre Rollen zu verändern, würde ich gern Antrieb geben – ich weiß, dass dieser Wunsch bei vielen jungen Männern, Ehemännern und Vätern existiert. Ich hoffe, hier einige Missverständnisse aufklären zu können und damit meinen Beitrag zu einer Neudefinition der Führungsrollen in der Familie zu leisten.

Wenn man, wie ich es in diesem Buch tue, Frauen und Männer in Kategorien einteilt, führt das natürlich dazu, dass man eine Vielzahl von Nuancen und Komplexitäten weglässt. Es ist daher wichtig, zu erwähnen, dass wir alle menschliche Wesen sind und viele existenzielle Themen gemeinsam haben.

Während unserer gesamten bisherigen Geschichte haben sich Männer entweder auf die Rolle als Versorger ihrer Frauen und Kinder – und auch ihrer Eltern, wenn diese sich nicht mehr selbst versorgen konnten – vorbereitet oder sie haben diese Rolle gelebt. Sie war genauso selbstverständlich und in Stein gemeißelt, wie es die Rolle der Hausfrau und Mutter für die Frauen war. Wir sind uns alle im Klaren darüber, dass Männer es geschafft haben, einen Großteil der politischen, ökonomischen und sozialen Macht zu erlangen und für sich zu behalten. Folglich waren sie verantwortlich für die Unterdrückung von Frauen, und sie sind es in vieler Hinsicht noch immer.

In Skandinavien hatte meine Generation die verrückte Idee, Väter vollständig in ihre Familien zu integrieren. Sie sollten mitmachen bei den Aufgaben und Verantwortlichkeiten, die damit einhergehen, emotional präsent sein und sich die Fürsorge für die Kinder teilen. Seit dieser Zeit hat sich die Auffassung davon, was eine Familie ist oder sein sollte, grundlegend geändert. Ich habe diese Idee »verrückt« genannt, weil Väter bis dahin nie wirklich in ihre Familien integriert waren. Als »Oberhaupt der Familie« waren sie zwar an der Macht, doch am Familienleben nahmen sie nur peripher teil. Ihre Rolle als Versorger bewirkte, dass sie 90 Prozent der Zeit, in der ihre Kinder wach waren, nicht zu Hause waren. Wenn sie nach Hause kamen, bestand ihre Rolle oft darin, Strafen zu verteilen oder – wenn sie Glück hatten – als Spielkameraden für ihre kleinen und als Lehrer für ihre größeren Kinder zu fungieren. Ihre einzige und eher dürftige Belohnung war es, dankbare und unterwürfige Frauen und gehorsame Kinder zu haben. Wenn das alles ist, entstehen daraus eine Einsamkeit und eine Isolation, die in ihrem Ausmaß für Frauen schwer vorstellbar sein kann.

Im industriellen Zeitalter, in dem die menschliche Würde komplett missachtet wurde, hat die große Mehrheit der Männer sehr darunter gelitten, dass ihr emotionales und existenzielles Wohlergehen erniedrigt und missachtet wurde. Sie wurden als Menschen verkrüppelt und gedemütigt, um als Versorger produzieren und überleben zu können. Das Ergebnis war, dass viele zur Flasche griffen, zu Hause gewalttätig wurden und relativ jung starben. Nur die Vereine und die Uniformen gaben ihnen ein Gefühl von Stolz und Wert.

Auch wenn die Geschichte der Frauen in vieler Hinsicht ähnlich verlaufen ist wie die der Männer, unterscheidet sie sich doch sehr. Frauen haben Zuflucht gefunden im Beisammensein mit ihren Kindern und mit anderen Frauen, und das hat vielen von ihnen ermöglicht, emotional lebendig, empfindsam und empathisch zu bleiben, selbst unter der Belastung von zwei Jobs. Obwohl manche Männer die entsprechenden männlichen Netzwerke und Zusammenkünfte hatten, waren diese doch kein Ort für vertrauliche Gespräche, und folgerichtig wurden Männer in Bezug auf Gefühle unsensibel und unwissend. Um als Arbeiter und Angestellte überleben zu können, mussten sie über einen so langen Zeitraum hinweg emotionalen Selbstmord begehen, dass dieser zum natürlichen Zustand wurde. Diejenigen, die dessen ungeachtet lebendig blieben, waren meist unabhängige Handwerker, Künstler oder Bauern.

Die gut ausgebildeten und starken Frauen von heute geben sich mit Partnern, die in erster Linie gute Versorger sind, nicht zufrieden. Sie können sich selbst versorgen, und sie können sogar Kinder empfangen, ohne dass ein Mann beteiligt sein muss. Eine Voraussetzung für ihre Entscheidung, eine traditionelle Kernfamilie oder auch nur eine Partnerschaft zu gründen, ist, dass ihr Wunsch nach Nähe, Empathie, Leidenschaft und gefühlsmäßigem Austausch erfüllt wird. Selbst wenn sie dies nicht von Anfang an verlangen, werden sie nach einigen Jahren Partnerschaft unter der Abwesenheit dieser grundlegenden Qualitäten zu leiden beginnen.

Das führt zu einem interessanten und oft schmerzlichen Widerspruch. Frauen haben heute mehr Macht denn je, und sie könnten diese nutzen, um ihren Liebhabern, Partnern und Ehemännern einfühlsame Führung anzubieten. Wenn sie nur wüssten, dass sie den Männern um Dekaden voraus sind – doch dieser Tatsache sind sich viele nicht bewusst. Stattdessen beschweren sie sich, als wären sie noch immer ohnmächtige Opfer, und verzichten auf ihren Teil der Führung in der Familien, obwohl sie oft genug besser wüssten, was gut für jedes einzelne Familienmitglied wäre.

Junge Väter haben erst in jüngster Zeit begonnen, ihre Rolle als Partner und Vater neu zu erfinden. Sie sind sich vollkommen bewusst, dass sie von den Frauen eine Menge lernen können, doch sie haben auch erkannt, dass sie von Müttern *nicht* lernen können, wie man ein besserer Vater wird und wie man eine gleichwürdige, kompetente väterliche Führungsrolle in der Familie ausfüllt. Sie müssen voneinander und von ihren Kindern lernen. Die Dinge unterscheiden sich enorm von Land zu Land, doch im Großen und Ganzen machen die meisten Männer ihre Identität noch immer in erster Linie an ihrer Rolle als Versorger fest. Dabei werden viele von ihnen auf der Arbeit noch immer misshandelt und gedemütigt, was heutzutage allerdings subtiler vonstattengeht. Natürlich gibt es auch viele Unternehmen und Organisationen, in denen so etwas gar nicht stattfindet.

Ein anderer interessanter Widerspruch ist, dass die heutigen Mütter ihre Söhne oft auf eine Art und Weise großziehen, die verhindert, dass diese als Jungen und junge Männer reifen und erwachsen werden können. Genau genommen erziehen sie ihre Söhne dazu, die Sorte Männer zu werden, die sie selbst als Ehemänner für ihre Töchter furchtbar fänden. Sie verwöhnen, beschützen, bedienen und bewundern ihre Söhne auf eine Art und Weise, die bei diesen ein Leben lang Unverantwortlichkeit und kindisches Verhalten nach sich zieht, und das können sie nur deshalb tun, weil ihre eigenen Ehemänner in jeder Hinsicht abwesend sind.

Frauen haben etwa ein halbes Jahrhundert gebraucht, um ihre Rolle innerhalb der Familie und in Bezug auf die Männer umzugestalten (und sind damit immer noch nicht fertig). Die Tatsache, dass Männer im Allgemeinen als der Feind angesehen wurden, hat eine überzeugende Motivation geschaffen. Männer haben weder einen gemeinsamen Feind noch eine sie verbindende politische Bewegung, und da sie miteinander kaum über diese Dinge sprechen, wird ihre Befreiung zwangsläufig langsamer vonstattengehen. Das Reifen beider Geschlechter und auch die Neugestaltung von Partnerschaft, Führung in der Familie, Mutterschaft und Vaterschaft sind noch lange nicht vollendet, doch heute bekommt die Frage, was es heißt, *Vater zu sein und nicht mehr nur die Rolle des Ernährers und Versorgers auszufüllen,* langsam mehr Gewicht.

Trotzdem erlebe ich es immer wieder, zum Beispiel bei meinen Vorträgen, dass die Väter sich auf die Rolle des Babysitters beschränken. Als ich vor etwa fünfzehn Jahren mit meiner Arbeit in Österreich und Bayern angefangen habe, habe ich von vielen Fachleuten gehört: »Wir arbeiten jeden Tag mit Familien.« Nach einem Jahr habe ich entdeckt, dass das gar nicht stimmt – diese Leute arbeiten mit Müttern und Kindern. Hinter dieser Haltung steckt ein anderer Familienbegriff als der, den ich habe. Ich erzähle oft – ohne dabei irgendjemanden zu entschuldigen –, dass etwa achtzig Prozent der skandinavischen und auch deutschen Frauen in Beziehungen und mit Kindern auf die entsprechende, ernsthaft gestellte Frage antworten: »Ja, ich fühle mich eigentlich wie eine alleinerziehende Mutter. Mein Mann hilft schon«, oder: »Mein Mann hilft viel. Aber eigentlich bin ich mit der Verantwortung allein.« Männer haben Probleme damit, den Unterschied zu verstehen. Sie sagen: »Wir übernehmen Aufgaben, ist das nicht genug? Was ist Verantwortlichkeit, wie teilt man Verantwortlichkeit? Geht das halbe-halbe?« Nein, das geht nicht. Wir haben eine lange Tradition, auch in Deutschland, von wunderbaren Großeltern und Urgroßeltern, die die Führungsaufgaben ganz genau aufgeteilt haben. Der Vater war für Tiere und Felder verantwortlich, die Mutter für Kinder, Haus und Garten, und das hat wunderbar funktioniert. Doch wenn man wirklich gemeinsam für Kinder verantwortlich sein will, heißt das, dass jeder Elternteil zu hundert Prozent verantwortlich ist. Und dass die Frage der elterlichen Führung neu zu verhandeln ist. Das ist eine interessante Übung, und ich kann sagen, dass es sich lohnt, aber es ist schwierig.

Wir reden heute viel über Bindung. Wieder, müsste man sagen, denn das haben wir vor fünfzig Jahren auch schon mal getan. Bindung zwischen Eltern und Kind ist heute das ganz große Thema. Als ich ein Kind war, gab es vielleicht ein oder zwei Prozent Väter, die eine Bindung innerhalb der ersten Lebensjahre des Kindes aufgebaut haben. In meiner Generation waren es dann zwanzig Prozent und heute etwa dreißig bis fünfunddreißig Prozent. Das heißt, die meisten Väter erreichen und erleben diese Bindung noch immer nicht. Ich sage das nicht als Vorwurf, es ist dreißig Jahre her, dass diese historische Entscheidung getroffen wurde – ob durch Männer oder die Frauen, das weiß ich nicht genau. Aber es dauert natürlich lange, bis so etwas wirklich gelebt werden kann.

Ich kann Frauen keinen Rat geben, wie sie sich in Bezug dazu verhalten sollten. Aber im Interesse aller Männer würde ich mich sehr freuen, wenn Sie meine Gedanken bei Ihren weiteren Überlegungen berücksichtigen und vielleicht auch in mein Buch »Mann & Vater sein« hineinschauen, das sich mit der riesigen Chance, Vater zu sein und die Verantwortung für ein Kind mitzutragen, eingehend beschäftigt, aber auch die Schwierigkeiten moderner Väter sowie Lösungswege benennt.

Eltern fragen Jesper Juul

Thema: Die zwölfjährige Tochter will nach der Trennung der Familie nicht mehr zu ihrem Vater kommen, und er weiß nicht, wie er sich ihr gegenüber verhalten soll.

Vater: Ich habe eine zwölfjährige Tochter, unsere Familie ist seit gut einem Jahr getrennt, und meine Tochter kommt in letzter Zeit nicht mehr zu mir. Und zu ihr kann ich halt auch schlecht hin oder nur selten. Ja, und ich bekomme irgendwie keine Liebe von ihr, so wie ich mir das wünsche. Und jetzt habe ich Probleme mit der Authentizität, weil ich verletzt und auch sauer bin, und ich weiß jetzt gar nicht, wie ich mich ihr gegenüber verhalten soll.

Jesper Juul: Und ist es Ihrer Meinung oder Erfahrung nach wirklich so, dass die Zwölfjährige das nicht will?

Vater: Das kann ich nicht beurteilen, also nach meiner Erfahrung …

Jesper Juul: Ich meine, hat Ihre Tochter gesagt, dass sie Sie nicht besuchen will?

Vater: Ja.

Jesper Juul: Und hat sie auch gesagt, warum nicht?

Vater: Ja. Erstens, weil zu wenig Platz ist. Ich habe nur ein Zimmer, sodass sie in demselben Zimmer wie ich übernachten müsste zum Beispiel. Aber ich meine, sie könnte ja auch nur mal so kommen und mich besuchen, aber das macht sie auch nicht.

Jesper Juul: Okay, ich spreche jetzt ganz allgemein, denn es gibt viele Mitspieler in diesem Spiel, und ich kann natürlich nicht alles sehen oder verstehen. Ich glaube, dass es wichtig ist, dass Sie diese Enttäuschung, dieses Gefühl von Verletztsein oder diesen Wunsch nach der Liebe Ihrer Tochter irgendwie für sich lösen. Wie Sie sich im Moment fühlen, ist Ihre gefühlsmäßige Wahrheit. Doch wenn man mit dieser Botschaft zu einer Zwölfjährigen – oder zu einem Zweiundvierzigjährigen – geht, dann weichen die weiter zurück. Ich glaube, was wirklich wehtut, ist, dass Sie als Vater so viel Liebe haben, und wenn Ihre Tochter nicht bei Ihnen ist, können Sie ihr diese Liebe nicht geben. Und das tut weh. Als Vater oder Mutter in dieser Situation würde ich insistieren und zu meiner Tochter sagen: »Ich will dich treffen.« Ich möchte dabei klarstellen, dass ich jetzt ganz konkret über eine Zwölfjährige spreche und nicht über Kinder aller Altersgruppen. Ich würde also zu meiner Tochter gehen und sagen: »Hör mal, ich bin dein Vater. Ich liebe dich, ich will mit dir zusammen sein.« Es gibt keine andere Möglichkeit. Man kann für Räumlichkeiten und so weiter sorgen oder nicht, aber man muss sagen: »Das will ich.«

Zwölf Jahre alt zu sein ist nicht einfach. Als Zwölfjährige erlebt man die Situation ungefähr so: »Der viele Ärger, die Trennung und so weiter waren auch für mich viel Arbeit. Meine Eltern sind mir eigentlich nicht mehr so wichtig, für mich sind meine Freunde und andere Dinge wichtiger. Und jetzt muss ich auch noch weit fahren oder was weiß ich, um zu meinem Vater zu kommen. Und er hat keinen Platz, und ich muss mit meinem Vater in einem Zimmer schlafen, und das macht man doch nicht«, und so weiter. Es ist einfacher, zu sagen: »Das will ich nicht.«

Ich habe in den letzten vierzig Jahren so viele Väter in ähnlichen Situationen getroffen. Ihre acht- bis vierzehnjährigen Kinder – und vor allem mit den Töchtern läuft das so – sollen die Wochenenden beim Vater bleiben. Freitagabend ist alles mehr oder weniger okay, aber gegen Samstagmittag sagen sie so ganz klein und leise: »Ich will zu meiner Mutter. Ich will nicht mehr hier sein.« Und die armen Väter stehen da und wollen ja auch beliebt sein und sagen sich: »Hilfe, was mache ich jetzt?« Wenn diese Väter lernen, zu sagen: »Okay, so geht's aber nicht. Ich will mit dir zusammen sein, ich bin dein Vater, du bleibst hier, und morgen Nachmittag um fünf Uhr fahre ich dich zu deiner Mutter, früher nicht«: Ich habe Hunderte von diesen Mädchen gesehen – in dem Moment, wo der Vater das sagt, ist es, als falle ihnen ein Stein vom Herzen: »Okay, Papa hat das Kommando. Alles ist gut.«

Vater: Aber wenn die Mutter sagt: »Nö, die muss ja nicht zum Vater gehen …«?

Jesper Juul: Jaja, aber dafür kann die Tochter ja nichts. Wenn das zwischen den beiden Erwachsenen auch ungeklärt ist, wird es natürlich schwieriger. Ich sage nur, dass es für Sie sehr wichtig ist, genau das zu sagen, worüber ich gerade gesprochen habe. Und für Ihre Tochter ist es sehr wichtig, das zu hören. Es kann sein, dass sie dann sagt: »Ich will aber nicht.« Ich weiß nicht, wie es in Deutschland gesetzlich geregelt ist. In Dänemark ist es so, dass sich ein Zwölfjähriger dafür entscheiden kann, zu sagen: »Ich will meinen Vater nicht mehr besuchen«, oder: »Im Moment will ich meinen Vater nicht besuchen.« Aber man sollte nie vergessen, was die Leute früher gesagt haben: Das Leben ist viel länger als die Kindheit.

Das bedeutet, dass diese Tochter wissen muss: »So und nicht anders steht mein Vater zu mir – mein Vater will mit mir zusammen sein. In einem halben Jahr oder in zwei Jahren oder in zehn Jahren kann ich zurückkommen.« Wenn eine Zwölfjährige nur sieht und hört, dass ihr Vater mit ihr unzufrieden ist und sich gekränkt fühlt, ist die Lust, wieder eine neue Beziehung aufzubauen, viel kleiner. Und ich weiß, dass sowohl Mütter als auch Väter – aber in diesem Fall wohnt die Tochter ja bei der Mutter – oft eine sehr destruktive Rolle in diesem Spiel spielen. Doch da kann man nichts machen, man kann sich höchstens ärgern, dass man mal in diese Frau verliebt war. Aber diese Botschaft von Vater zu Tochter ist meiner Erfahrung nach sehr wichtig.

Jetzt hat man auch in Deutschland diese 50/50-Regelung, bei der die Kinder getrennter Paare eine Woche beim Vater und eine Woche bei der Mutter wohnen oder ähnlich. Das ist viel Arbeit für die Kinder, und oft reden die Eltern mit ihren zehn- bis sechzehnjährigen Kindern, als gehöre die Zeit des Kindes den Eltern. Wenn zum Beispiel die Tochter zu Vater oder Mutter kommt und sagt: »Nächstes Wochenende gehe ich eigentlich zu Großmutter, die hat Geburtstag«, und dann sagt der Vater: »Nein, nächstes Wochenende ist mein Wochenende«, dann ist irgendetwas schiefgegangen, denn die Wochenenden gehören ja den Kindern. Das sind nicht unsere Wochenenden.

Ich glaube es ist sehr wichtig, von diesem Moment an zu sagen: »Hier bin ich, ich will Vater sein, ich liebe dich, ich will gern Zeit mit dir verbringen. Und wenn du nicht willst, muss ich damit leben, aber ich tue das ungern.« Alle anderen Gefühle sind in dieser Beziehung, so wie es momentan aussieht, nicht relevant.

7

Wollen wir wirklich starke und gesunde Kinder?

Den Inhalt dieses Abschnitts, in dem ich das Wort an unsere Institutionen richte, trage ich zwar schon seit vielen Jahren in mir, aber erst, nachdem ich einen bestimmten »Fall« innerhalb des deutschen Jugendhilfesystems betreut hatte, habe ich mich dazu veranlasst gesehen, mich hinzusetzen und zu schreiben. Das hätte mir fast überall auf dieser Welt passieren können, und es ist mir sehr wichtig, dass die entsprechenden Fachleute das, was ich hier schreibe, nicht persönlich nehmen. Ich weiß, wie engagiert und hart Sie alle arbeiten und wie frustriert Sie oft sein müssen.

Ich fühle mich ein bisschen wie der Junge in H. C. Andersens Märchen »Des Kaisers neue Kleider«, wenn ich auf das hinweise, was für viele so offensichtlich ist und dennoch für die Entscheidungsträger in unseren Ländern und Gemeinden ein vollständiges Geheimnis zu sein scheint.

Ich glaube, dass ich das so erlebe, weil ich mich irgendwie unqualifiziert fühle. 40 Jahre lang habe ich in öffentlichen Einrichtungen im Bereich der Sozialarbeit und des Gesundheitswesens gearbeitet. Fast genauso lang arbeite ich schon als Social Entrepreneur in diesem Bereich. Ich habe mit Tausenden zerrütteten und funktionierenden Familien in den verschiedensten Ländern, mit emotional gestörten Kindern, Jugendlichen und Erwachsenen und einer großen Bandbreite an Fachkräften, die diesen Menschen zu helfen versuchen, gearbeitet. Ich bin überzeugt, dass die meisten dieser Begegnungen sowohl für mich als auch für alle anderen Beteiligten wertvolle Lernerfahrungen gewesen sind. Gleichzeitig habe ich im Laufe der letzten 15 Jahre beobachten müssen, wie die Politik der jeweiligen Regierungen die eigenen Organisationen, Einrichtungen und Projekte und – was noch bedeutender ist – den Großteil derer, die auf Hilfe angewiesen sind, verkrüppelt hat.

Das passierte fast ungeachtet der enormen Summen an Geld, die genau diesen Organisationen zuflossen, und der Grund dafür ist für mich offensichtlich – so kam ich auch auf den Jungen, der darauf hinweist, dass der Kaiser nackt ist. Dass ich an meiner eigenen Leistung zweifle, liegt daran, dass die politischen Entscheidungsträger und ihre vielen hoch qualifizierten Berater davon überzeugt zu sein scheinen, dass der Kaiser keineswegs nackt ist, sondern dass er sogar eine außergewöhnlich kostbare Robe trägt. Lassen Sie mich also meine Beobachtungen und Schlussfolgerungen enthüllen und den Spott dafür riskieren.

Die Lücke zwischen korrekt und richtig

In jeder öffentlichen Einrichtung sollte es eine ausgeglichene Balance zwischen den zwei folgenden einander widersprechenden Wertegruppen geben: den *bürokratischen* Werten und den *professionellen* Werten. Die bürokratischen Werte dienen den politischen und administrativen Kontrollorganen und die professionellen Werte den Bedürfnissen der Menschen. Sie widersprechen sich deshalb, weil die Bürokratie keine Fehler erlaubt, wohingegen Fachkräfte experimentell und kreativ arbeiten müssen, um ein Maximum an Qualität zu erreichen. Um das tun zu können, müssen sie Fehler machen dürfen und Raum für Misserfolge haben. Diese ausgeglichene Balance existiert nicht mehr. Die bürokratischen Werte haben fast vollständig die Oberhand gewonnen, und die professionellen Werte sind verschwunden.

Die Folge ist eine sehr empfindliche Balance zwischen dem, was *korrekt* ist, und dem, was *richtig* ist. Der beunruhigende Status quo ist, dass die Distanz und der Unterschied zwischen dem korrekten und dem richtigen Weg zu einer fast unüberwindbaren Kluft geworden sind – mit dem Ergebnis, dass all die Menschen, die *richtige* professionelle Hilfe und Leistungen benötigen (und auch dafür bezahlen), diese nicht mehr bekommen. Sie bekommen lediglich die *korrekte* Leistung und Hilfe. Die Folgen davon zeigen sich in den öffentlichen Budgets: Die Leistungen werden immer weniger hilfreich, und die Kosten steigen folgerichtig in einem alarmierenden Tempo. Die Folgen zeigen sich auch täglich in den Medien. Berichte von Klienten, Patienten und deren Angehörigen belegen die schlechte Qualität der öffentlichen Leistungen in allen Belangen, und die Antwort, die diese Leute meist bekommen, ist, dass alle Entscheidungen, Vorgehensweisen und Berichte völlig korrekt waren.

Korrektheit und Gleichheit vor dem Gesetz waren und sind die Ideen hinter der Bürokratie, und meine Feststellung sollte deshalb nicht als Kritik an der Bürokratie an sich gesehen werden. Meine Kritik richtet sich an die Politiker, um sie darauf aufmerksam zu machen, dass das derzeitige Paradigma der öffentlichen Verwaltung auf einen Selbstmord zusteuert. Glauben Sie bitte nicht, dass es helfen wird, die Kosten zu senken oder mehr Geld zur Verfügung zu stellen. In vielen Ländern haben die entsprechenden Einrichtungen genug Geld zur Verfügung.

Alles, was Sie tun müssen, ist, die Möglichkeit für eine bessere Balance zu schaffen, und die Mittel für diese Aufgabe finden Sie in den Köpfen und nicht in den Schatzkisten. Lasst die Ärzte los, um ihr Handwerk zu praktizieren, die Lehrer, um zu lehren und sich zu kümmern, die Therapeuten, um zu helfen, die Pädagogen, die Krankenpfleger und alle anderen, um zu betreuen und zu pflegen, und die Sozialarbeiter, um die Opfer von Vernachlässigung und Missbrauch zu finden und ihnen zu helfen. Und bitte, macht schnell, oder wir gehen nicht nur in sprichwörtlicher Weise bankrott.

Erziehung ist Beziehung

Sowohl im Rückblick auf die vier Jahrzehnte, in denen ich jetzt schon mit Familien und pädagogischen Einrichtungen wie Kinderkrippen, Kindergärten und Schulen zusammengearbeitet und viel darüber geschrieben habe, als auch mit einem Blick in die Zukunft sehe ich mich heute dazu veranlasst, die Frage zu stellen, die diesem Kapitel den Titel gibt: Wollen wir wirklich starke und gesunde Kinder? Ich persönlich kann diese Frage mit einem klaren JA beantworten. Der Tag, an dem wir dazu fähig sind, starke und gesunde Kinder aufzuziehen und zu unterrichten, wird ein riesengroßes Geschenk für die Kinder und für die Eltern, Pädagogen und diejenigen sein, die für die Wirtschaft unserer Länder verantwortlich sind. Dazu müssen wir uns auch Gedanken über die Führung von Kindern machen. Bücher und Überlegungen aller Art zur Führung in der Wirtschaft gibt es zuhauf, aber auch im Hinblick auf die Familie lohnt es sich, einen Führungsstil zu entwickeln. Denken Sie daran, dass Kinder und die Kindheit nur die ersten Schritte auf dem Weg zum jungen Erwachsenen, zum Erwachsenen, zum Menschen mittleren Alters und zum alten Menschen sind. Tatsächlich sprechen wir also über uns alle, ganz unabhängig vom Alter. Kommen wir also in der Führungsfrage in Bezug auf die Familie weiter, so wird dies ein Beitrag zur Verbesserung der Lebensbedingungen von uns allen sein. Das Glück unserer Kinder geht uns alle an.

Von dem Tag an, an dem ich das Buch »Dein kompetentes Kind« veröffentlicht habe, bin ich sowohl von Gegnern als auch von Befürwortern als ein Freund der Kinder bezeichnet worden. Vom ersten Tag an habe ich diese Ehre zurückgewiesen, wann immer ich in öffentlichen Vorträgen oder Interviews die Gelegenheit dazu hatte. Während meines gesamten beruflichen Lebens als Berater, Psychotherapeut und Familientherapeut habe ich versucht, Erwachsene, die sich selbst in destruktiven Konflikten mit Kindern und Jugendlichen befanden, zu inspirieren und ihnen zu helfen, indem ich den Fokus auf die Qualität der Beziehung zu ihren Kindern gelegt habe. Ich bin davon überzeugt, dass diese Anstrengung vielen Kindern geholfen hat, sich in die Richtung eines besseren und erfüllteren Lebens zu bewegen, doch das war eher eine Begleiterscheinung meiner Arbeit mit den Erwachsenen, ihrem Verhalten, ihren Einstellungen und ihren Werten. Mein professioneller Schwerpunkt lag nie auf dem Einzelnen, sondern auf dem zwischenmenschlichen Phänomen, das entscheidend für unsere Gesundheit und unser Wohlbefinden ist.

Während all dieser Jahre wurde mein Fokus auf Beziehungen als Novum, als Avantgarde und sogar als politische Provokation betrachtet, obwohl Theorie und Wissenschaft immer auf meiner Seite und auf der Seite all jener waren, die in die gleiche Richtung arbeiteten und zu den gleichen Erkenntnissen gelangten.

Ich war nie der Urheber dieser Ideen, sondern lediglich ihr Bote. Als »Dein kompetentes Kind« 1995 veröffentlicht wurde, hat man es als alles Mögliche bezeichnet – von »Das pädagogische Lehrbuch des Jahrhunderts« bis hin zum »politischen Manifest«. »Dein kompetentes Kind« war nicht als politisches Manifest gedacht, das vorliegende Buch, das Kinder, Familie und die Frage der Führung zusammenbringt, dagegen schon! »Dein kompetentes Kind« war eine logische Folge der Erfahrungen meiner damals über 20-jährigen Arbeit mit Erwachsenen-Kind-Beziehungen, und ich hatte die Vorstellung, dass die Leser mit der gleichen Freude und

Erleichterung darauf reagieren würden, die ich selbst erlebt hatte und die viele meiner Klienten und Schüler zum Ausdruck gebracht hatten. Ich betrachtete mein Buch einfach als gute Nachricht für all die Eltern, Lehrer und Sozialarbeiter, die mit Frustration und Enttäuschung zu kämpfen hatten. Es gab viel Freude, aber auch eine Menge Aggression, und ich brauchte eine weitere Dekade, um die Aggression vollständig zu verstehen und sie zu würdigen.

Im Nachhinein betrachtet haben mein Buch und die klinische Arbeit am Kempler Institute of Scandinavia (heute dfti.dk) in vielerlei Hinsicht ein neues Paradigma in der Erziehung eingeleitet. Wir waren uns dessen nicht bewusst, bis in den späten 1980er- und frühen 1990er-Jahren Wissenschaftler wie Dr. Daniel N. Stern, Dr. Peter Fonagy, Dr. Remo Largo und Dr. John Bowlby begannen, ihre Ergebnisse gemeinsam mit den Erkenntnissen aus der Neurobiologie und der Neuropsychologie zu veröffentlichen. Insbesondere die Neurowissenschaft mit ihren Möglichkeiten, die Ergebnisse ihrer Forschung durch Farbbilder und Bildschirmaufnahmen zu dokumentieren, gab uns Zuversicht. Wir begannen zu hoffen, dass wir vielleicht »all diesen Unsinn« und all die abwehrenden moralischen Haltungen hinter uns lassen könnten, um uns endlich um die Zukunft der Erziehung und der Elternschaft zu kümmern, statt zu reparieren und zu reformieren, was in Wirklichkeit nicht mehr zu reparieren war.

Aber, werden Sie sich vielleicht fragen, warum sollen wir uns überhaupt nach einem neuen Paradigma umsehen? Wieso bemühen wir uns nicht um Stabilität und Verbesserung?

Die Antwort darauf ist, dass das existierende Paradigma für uns nicht funktioniert, und ich hoffe, dass es mir gelingt, das in diesem Buch zu belegen. Das alte Paradigma war für mehr als zwei Jahrhunderte die zugrunde liegende These für unsere Meinungen, Theorien und unser Verhalten. Obwohl jede Generation neue Ansichten formuliert hat, sich unser Verhalten angepasst, humanisiert und modernisiert hat und das politische System in unseren Gesellschaften sich dramatisch verändert hat, sieht es so aus, als seien wir festgefahren und nicht in der Lage, die Ziele zu erreichen, die von den meisten modernen Gesellschaften formuliert wurden. Was wir im westlichen Teil der Welt, abgesehen von der Demokratie, erreicht haben, ist, dass wir reich geworden sind – viel reicher, als irgendjemand es sich vor 60 Jahren, als ich ein Kind war, hätte vorstellen können. Unsere Ernährungsweise mag vielleicht ein Problem sein, aber drei Mahlzeiten am Tag sind in immer mehr Ländern für immer mehr Menschen selbstverständlich. In der Folge richtet sich unser Fokus nicht mehr nur auf das Überleben an sich, sondern auch auf die Qualität des Lebens, sowohl für Kinder als auch für Erwachsene. Noch vor einem kurzen Jahrhundert wäre dies utopisch erschienen, und für einen Großteil der Weltbevölkerung ist es das immer noch.

Seit Sigmund Freud und insbesondere, seit die moderne Psychotherapie in Erscheinung trat, haben wir sehr viel über die Menschen und deren Beziehungen zu anderen gelernt, und wir konnten vieles von der Weisheit früherer Generationen bestätigen, während anderes einfach vergessen oder ausgelöscht wurde. Das Wichtigste war, dass wir die Einzigartigkeit jedes einzelnen Menschen entdeckt haben und dass wir herausgefunden haben, was dazu führt, dass der Mensch leidet, und was, dass es ihm gut geht. Nachdem ich über die Jahre die Folgen unterschiedlicher politischer Systeme erleben konnte, bin ich nun überzeugt, dass eine wahre Anerkennung dieser Erkenntnis nur in den Ländern möglich ist, in denen demokratische Werte vorherrschen. Doch allein die Tatsache, dass es möglich ist, bedeutet noch nicht, dass damit die Umsetzung der entsprechenden Strategien gewährleistet ist, was ich im Folgenden, aufzeigen möchte.

Hinsichtlich der Kinder gibt es keinen Zweifel daran, dass es uns gelungen ist, deren Leben in vielen Belangen zu verbessern. Die Mehrzahl der Kinder zumindest in den westlichen Ländern lebt heute ein Leben, das nicht von Angst und Sorge geprägt ist, und ihnen wird das Recht zugestanden, für sich selbst zu sprechen. Es war eine große Errungenschaft des 20. Jahrhunderts, dass in so vielen Ländern die körperliche Bestrafung verboten wurde, wenngleich dies nicht ohne massiven Widerstand auch von intelligenten Erwachsenen vonstattenging.

Seit 2005 habe ich den Großteil meiner Arbeitszeit mit fürsorglichen, aufrechten, engagierten und aufgeschlossenen Eltern verschiedenster Herkunft und Kulturen verbracht – Eltern, die anders sein wollten als ihre Vorfahren, die etwas für ihre Kinder bewirken wollten und die ihnen, wo immer möglich, eine bessere Basis für ihr Leben bieten wollten. Ihre Hingabe ist beeindruckend, und sie alle sind auf ihre eigene Art und Weise erfolgreich. Das Gleiche kann man über viele herausragende Kindergärten, Schulen und Projekte für Kinder und Jugendliche mit Schwierigkeiten sagen. Trotzdem stellen diese immer noch eine sehr kleine Minderheit dar, und in den meisten Fällen bekommen sie bürokratische und politische Hindernisse von den Stellen in den Weg gelegt, die ihnen eigentlich danken sollten, indem sie Taten sprechen lassen.

Aus Alt mach Neu

Eine andere Sache, die ich herausgefunden habe, ist, dass der Großteil der Eltern und Fachkräfte tief im Innersten genau das will, was auch meine Eltern und Lehrer wollten, nämlich nette, wohlerzogene und gehorsame Kinder, die sich anpassen und fügen.

Der Unterschied zu damals ist, dass sie dies heute in einer viel freundlicheren und weniger gewalttätigen Form erreichen möchten als noch vor 60 Jahren. Einer der Gründe für diesen Widerspruch scheint zu sein, dass diese Menschen sich eine Lebensqualität für ihre Kinder wünschen, die sie selbst noch nicht erfahren haben. Sie möchten, dass ihre Kinder aufblühen und ihr individuelles Potenzial entfalten können, ohne dass sie selbst diesen Prozess durchlaufen hätten, und das schränkt natürlich ihre Kompetenz als Wegweiser für ihre Kinder ein. Ich meine das nicht als Kritik an Eltern und Pädagogen. Ich möchte damit nur veranschaulichen, dass sie sich einer Herausforderung stellen, für die sie ihre eigene Erziehung nicht ausreichend qualifiziert hat, und das ist wirklich ein mutiges Unterfangen. Das Gleiche gilt auch für die größte Frage von allen: *Was macht eine gute elterliche beziehungsweise erwachsene Führung aus?* Wir kennen die Antwort aus Unmengen von Untersuchungsergebnissen und praktischen Erfahrungen, und oben habe ich die Schlüsselelemente schon angesprochen: persönliche Verantwortung, Integrität, Authentizität, Verfügbarkeit und Verbundenheit bei den Eltern beziehungsweise Beziehungskompetenz bei den Fachkräften.

Das heißt, dass Eltern eine Idee und einen Traum verfolgen, ohne das entsprechende verinnerlichte Wissen und die Erfahrung in Hinblick auf die notwendigen Schritte und die möglichen Fallstricke zu besitzen. Ich habe dieses Dilemma in den vorherigen Kapiteln angesprochen, besonders im Hinblick auf weibliche und männliche Rollenmuster. Eltern versuchen nicht nur, die von ihren eigenen Eltern und Großeltern übernommenen Gebräuche zu verbessern. Sie versuchen, gleichzeitig das Fundament und das Dach des Hauses zu bauen. Das ist eine historische Herkulesaufgabe, die ihnen die Geschichte hinterlassen hat, und sie alle verdienen größte Bewunderung und Dankbarkeit für ihren Versuch, diese Mission zu erfüllen.

In jeder Familie, in jeder Gruppe von Kleinkindern, in jedem Klassenzimmer und in jeder Straßengang gibt es einen Weg, der zum Ziel führt. Er mag schwierig erscheinen, weil er neu ist, aber nur er kann den Prozess in Gang bringen. Dieser Weg setzt voraus, dass man jedem Kind eine Stimme gibt und dass die Erwachsenen den Mut haben, zuzuhören und offen für die Nachrichten der Kinder zu sein – das heißt, sie müssen auch den Mut haben, verletzlich zu sein. Diese Art, zu leben, zu arbeiten und miteinander zu leben, ist weit mehr als Demokratie. Wir Erwachsene müssen den Willen und den Mut zeigen, mehr zu lernen, als zu lehren, und vor allem müssen wir lernen, unseren Kindern und ihrer Fähigkeit, das Gleiche zu tun, zu vertrauen. Ohne dieses wohlverdiente Geschenk sind unsere Kinder verloren und müssen ihren Weg allein finden. Der Schlüsselbegriff ist *Gleichwürdigkeit:* Ihn gibt *es* nur in einer Handvoll Sprachen, und er musste im Englischen und im Deutschen erst geschaffen werden, um den Unterschied zur *Gleichheit* herausstellen zu können. Gleichheit ist ein politischer Ausdruck, und in diesem Sinne würde niemand fordern, dass Kinder und Erwachsene gleich sein sollten. Der Unterschied zwischen ihnen ist in Hinblick auf ihre jeweilige Macht einfach zu groß.

Warum erscheint all das so vielen Erwachsenen so gefährlich? Soweit ich das sehe und höre, läuft alles auf die Frage der Macht hinaus. Es war ein integrierter Bestandteil des alten Paradigmas, dass die Eltern im Verhältnis zu den Kindern alle Macht besitzen mussten. Bis vor Kurzem wurde Kindererziehung als Machtkampf gesehen (und auch so erlebt), und es war Konsens, dass die Erwachsenen jedes Mal und immer gewinnen mussten. Heute finden wir in Familien und Schulklassen Erwachsene, die ihre Macht aufgrund der negativen Erlebnisse mit ihren Vorbildern nicht mehr ausüben wollen; ihr Verhalten verwirrt die Kinder und macht sie wütend, was wiederum destruktives und selbstzerstörerisches Verhalten zur Folge hat.

Vom Europäischen Rat wurde relativ erfolgreich der Begriff »Positive Elternschaft« eingeführt, um physische Bestrafung zu vermeiden. Die Hintertür zu milderen Formen der Bestrafung wurde offen gelassen. Vielleicht geschah das in dem Glauben, dass diese notwendig für die Eltern und gut für die Kinder seien, vielleicht aber auch, weil die Verantwortlichen in Bezug auf Politikgestaltung klüger sind als ich.

Lassen Sie uns also das Konzept der Macht in zwischenmenschlichen Beziehungen zwischen Erwachsenen und Kindern etwas genauer anschauen und damit den Bogen zur Frage der Führung in der Familie und anderen Erwachsenen-Kinder-Gemeinschaften schlagen.

8

Was hat Macht mit Führung zu tun?

Ich bin in einer gewöhnlichen dänischen Arbeiterklassefamilie, in der es keine physische Gewalt gab, aufgewachsen. Einer der Lieblingssprüche meiner Eltern war: »Deinen Willen habe ich in meiner Tasche – und dort bleibt er auch!« Das war eine despotische Familienstruktur, in der Kinder sich zu benehmen und ruhig zu sein hatten, und so war das Leben. Es interessierte niemanden, wer wir als Individuen waren oder wie wir uns fühlten und unser Leben wahrnahmen. Diese Regeln und das vollständige Fehlen von Anerkennung hatten nichts mit Böswilligkeit, Lieblosigkeit oder gar mit einer Entscheidung der Eltern zu tun. So war es einfach – überall in jeder Familie und in jeder Schule. In einem Großteil der Familien war es üblich, physisch und verbal zu misshandeln – entweder, um die Hilflosigkeit der Eltern zu vertuschen, oder als Strafe, weil man nicht hundertprozentig gehorsam war. Das Gleiche galt für die Schulen. Was die Misshandlung auslöste, hatte nichts damit zu tun, was wir taten oder in welchem Zusammenhang wir es taten. Es ging nur um die Gehorsamsverweigerung an sich.

Das Ziel war so klar wie einfach: gute soziale Umgangsformen zu erzielen, das heißt, höflich zu sein und sich dem Willen jeglicher Autoritäten zu fügen. Dies war oft ein Abbild des Lebens der Erwachsenen in der industriellen Gesellschaft, in der auch die Väter und Mütter von ihren Arbeitgebern misshandelt, unterdrückt und entmenschlicht wurden.

Die heutige Gesellschaft und Wirtschaft agieren nach anderen Standards – zumindest meistens und in vielen Teilen der Welt. Körperliche Gewaltanwendung wurde in Familien und auch in Einrichtungen gesetzlich verboten, doch die Demütigung von Kindern und Erwachsenen ist längst nicht vorbei, und noch immer findet elterliche Gewalt gegen Kinder in ungefähr 50 Prozent aller Familien statt – nicht so oft wie vor 50 Jahren und meistens ungewollt und von einem schlechten Gewissen begleitet.

Wir haben uns weiterentwickelt, sind zivilisierter geworden und was noch wichtiger ist: Wir haben das individuelle menschliche Wesen unabhängig vom Alter anerkannt, und sogar die Misshandlungen von Kindern und Angestellten sind weniger geworden. In Bezug auf das allgemeine Wohlergehen haben wir es innerhalb nur eines halben Jahrhunderts weit gebracht.

Und trotzdem schlagen wir uns noch immer mit dem Prinzip der Macht herum. Wie und wann sollen wir sie ausüben? Was hat Macht mit Führung zu tun? Die Leitwölfe in Familie, Kita und Schule – wie definieren sie ihre Macht über Kinder für sich selbst?

Um dies näher zu erläutern, muss ich eine klare Unterscheidung zwischen Eltern (oder jenen, die die biologischen Eltern ersetzen) und Fachkräften treffen. Das Prinzip ist zwar dasselbe, doch der Einfluss auf die persönliche und psychosoziale Entwicklung des Kindes ist ein ganz anderer. Eltern haben einfach einen größeren Einfluss als Fachleute – im guten wie im schlechten Sinne.

Das Paradox der Macht und wie Eltern damit umgehen können

Elterliche Macht besteht auf zwei Ebenen: auf der existenziellen und auf der politischen. Die existenzielle Macht der Eltern liegt in deren Fähigkeit, die notwendige Qualität der Beziehungen innerhalb der Familie als Ganzes und in der jeweiligen Eltern-Kind-Beziehung herzustellen, oder einfacher ausgedrückt: in ihrer Fähigkeit, ihre Liebe auch in liebevolle Handlungen umzusetzen, sodass sich jedes einzelne Kind geliebt und wertvoll fühlt – auch im Rückblick. Die Geschichte ist voll erwachsen gewordener Kinder, deren Eltern ganz sicher eine emotionale Liebe zu ihren Kindern empfanden, die sich aber selbst niemals als die Personen, die sie waren, geliebt fühlten. Und dann selber Eltern mit einem sehr geringen oder gar keinem Selbstwertgefühl und mit einer Menge Scham- und Schuldgefühlen wurden. Sie wussten zwar, dass ihre Eltern sie liebten, und sie liebten sie auch, aber sie haben es nie geschafft, sich selbst zu lieben und wertzuschätzen. Dieses Paradox und das absolute Vertrauen von Kindern in ihre Eltern sind die Gründe dafür, dass so viele Eltern ungewollt Teile der Verhaltensmuster ihrer Eltern wiederholen – insbesondere jenes Verhalten, das sie selbst in ihrer Kindheit als schmerzhaft empfanden.

Diese enorme Macht spielt auch eine entscheidende Rolle bei der Entwicklung des kindlichen Gehirns – nur durch eine Gnade der Natur ist unser Gehirn ein formbares Organ, das sich auch über die Erfahrungen der Kindheit hinaus entwickeln kann. Mit der Macht der Beeinflussung werden Eltern von der Natur ausgestattet, sobald sie ihr erstes Kind empfangen, und dennoch ist das eine Macht, deren sich viele Eltern entweder nicht bewusst sind, die auszuüben sie nicht fähig sind oder die sie bewusst ignorieren. Stattdessen führen sie mit ihrem Kind Machtkämpfe, um das Füttern, das Anziehen, seinen Schlaf, sein Weinen, sein Trockenwerden, seine Spieltreffs und die Bewältigung seiner Hausaufgaben. Das ist nicht nur unverhältnismäßig, es ist insgesamt gesehen eine große Energie- und Zeitverschwendung, die nur zu endlosen Kämpfen oder – noch schlimmer – zur absoluten Unterwerfung des Kindes führt, was wiederum Mangel an Selbstwertgefühl sowie an Lebens- und Gesundheitskompetenz nach sich zieht.

Aber – und das dürfen wir nie vergessen – das alles vermittelt Eltern auch das Gefühl, wertvoll für das Leben und die Entwicklung ihrer Kinder zu sein. Unser Bedürfnis und unser Wunsch, uns wertvoll zu fühlen, sitzen so tief in uns allen, dass wir oft vergessen, zu überprüfen, ob all das, was wir tun, auch wirklich wertvoll für diejenigen ist, für die wir es tun. Um dieses Ungleichgewicht und manchmal auch diese Illusion zu korrigieren, müssen wir die Kunst des Dialogs lernen. An diesem Punkt der Geschichte scheint mir der Dialog der beste Weg zu sein, Eltern dazu zu ermutigen und zu befähigen, den Filter zu entfernen, der sie davon abhält, in echten Kontakt mit ihren Kindern und sich selbst zu treten. Dieser Filter besteht aus den elterlichen Rollen oder, besser gesagt, dem Gefühl der Verpflichtung, eine solche Rolle *spielen zu müssen.* Eine Rolle zu haben bedeutet nicht zwangsläufig, sie wie ein Schauspieler zu *spielen* oder *darzustellen,* die Rolle zeigt lediglich die eigene Aufgabe und Verantwortung auf. Authentizität und Verletzlichkeit sind der einzige Weg zu echter Nähe in auf Liebe gründenden Beziehungen. Das ist das wirkliche Paradox in Hinblick auf das Haben und Ausüben von Macht: führen und doch verletzlich sein.

Vom Tag der Geburt eines Kindes an wird elterliche Macht durch die vollkommene Abhängigkeit, die bedingungslose Liebe und das absolute Vertrauen des Kindes unterstützt. Kein Kaiser, Diktator, Politiker, Industrieller oder Lehrer bekommt ein solches Geschenk von seinen Untergebenen, und dennoch scheinen sich die meisten Eltern ihres großen Glücks nicht bewusst zu sein oder sie ignorieren es nach ein paar Monaten. Sie scheinen mehr mit dem »Aufziehen«, »Erziehen« und »Managen« – also Manipulieren – ihrer Kinder beschäftigt zu sein als damit, dieses Geschenk wertzuschätzen und zu bewahren. Ihre Kinder mühen sich ab, zu kooperieren und mit dem fehlenden Vertrauen fertig zu werden, indem sie ihre Körper und Seelen in dem nicht enden wollenden Versuch, zu gefallen und zu überleben, verbiegen und verdrehen. Das wirkliche Dilemma ist, von einer größeren Macht bezwungen zu werden.

Bei der Elternschaft gehen Macht, und Verantwortung Hand in Hand. Die Macht, zu manipulieren – was alle Eltern machen, ob sie nun wollen oder nicht –, ist aufs Engste mit ihrer Verantwortung verbunden, die Entwicklung des Selbstwertgefühls nicht zu behindern oder zu zerstören. Der Selbstwert ist der grundlegende präventive Gesundheitsfaktor in unserem Leben und in dem Schaffen und dem Bewahren bedeutungsvoller persönlicher und konstruktiver sozialer Beziehungen.

Abgesehen von dieser großen Macht, die in die ursprüngliche Natur jeder Eltern-Kind-Beziehung eingebettet ist, haben Eltern auch eine strukturelle Macht, die die täglichen Entscheidungen und Regeln betrifft: die finanzielle Macht, die politische Macht, die Macht, zusammenzubleiben oder sich zu trennen, die Macht, sich selbst um die Kinder zu kümmern oder diese fremd betreuen zu lassen, und auch die physische und soziale Macht. Tatsächlich besitzen Eltern so viel Macht auf der existenziellen und auf der strukturellen Ebene, dass die Notwendigkeit eines neuen ethischen Kodex bezüglich des Umgangs mit Kindern viel dringender ist, als erneut eine neue »Elternmethode« zu erfinden, die Eltern helfen soll, ihren Willen durchzusetzen. Ich sehe das etwas fieberhafte Auftreten neuer Erziehungsmethoden, wie wir es in den letzten zwei Jahrzehnten beobachten konnten, als letzte Zuckungen eines aussterbenden Paradigmas. Es besteht kein Zweifel daran, dass Kinder erwachsene Führung und Begleitung brauchen, aber wir müssen uns sehr genau anschauen, auf welche Art und Weise wir diese Führung ausüben: Authentizität (das heißt immer auch Verletzlichkeit), Empathie, persönliche Verantwortung und der Wille, zu lernen und weiterzulernen, bilden den Kern des neuen Paradigmas.

Für eine Vielzahl der heutigen Eltern stellt dies eine enorme und aufregende Herausforderung dar, weil sie die Wahl haben, die Werte ihrer Eltern und Großeltern weiterzuverfolgen oder einen neuen Start zu wagen. Diejenigen, die Letzteres wählen, werden schnell mit der Tatsache konfrontiert, dass sie Qualitäten in sich selbst finden müssen, die ganz anders als und manchmal sogar gegensätzlich zu den Fähigkeiten sind, die von ihren Eltern gefördert wurden. Die gute Nachricht ist, dass wir alle mit diesen Qualitäten geboren wurden, auch unsere Kinder, und dass wir dadurch die Möglichkeit haben, unsere Gehirne durch Tausende Lernprozesse zu verändern, die sich am Gegenüber orientieren.

Kinder lernen wie Wissenschaftler und nicht durch Anweisungen, und genau so sollten auch wir mit und von ihnen lernen, um bedeutungsvolle und gesunde Beziehungen mit ihnen zu schaffen. Sozialisierung findet überall und jederzeit statt und lehrt Kinder, wie man sich anpasst. Nur die Eltern können sicherstellen, dass sich eine gesunde, verhältnismäßige Ausgewogenheit zwischen Individualität und Anpassung entwickeln kann und der junge Erwachsene später die Möglichkeit hat, ausgewogene Entscheidungen zu treffen. Bildungseinrichtungen tendieren dazu, zu vereinheitlichen und sich über die Schwierigkeiten (und manchmal auch Gefahren) zu beschweren, die es mit sich bringt, wenn man die Individualität jedes einzelnen Kindes berücksichtigt. Die vollkommen abwegige Idee, dass starke Individuen für die Gruppe gefährlich sind und die Solidarität innerhalb von Familien und der Gesellschaft gefährden, vergiftet noch immer das Denken vieler Menschen.

9

Die Zukunft Ihres Kindes ist jetzt!

Seit dem Mittelalter haben Eltern versucht, die Zukunft ihrer Kinder zu planen. Es gab viel, worüber sie sich Sorgen machten und vor dem sie Angst hatten. Bis zu einem gewissen Maß waren sie dabei Geiselnehmer der kindlichen Individualität und seines Lebenswegs. Damals war dies eine gesellschaftliche Notwendigkeit, nach dem Zweiten Weltkrieg jedoch gewannen die soziale und wirtschaftliche Sicherheit die Oberhand. Danach kam die Zeit des Wohlstandes, und das elterliche Mantra war gewissermaßen: »Alles, was wir wollen, ist, dass du glücklich bist!« Seit der Jahrtausendwende gewinnen die sozialen Ambitionen der Eltern an beträchtlicher Bedeutung. Und zwar so, dass es weit an der Zeit ist, sich einige grundlegende und ethische Fragen zu stellen. Welche Rolle spielen Kinder im Leben ihrer Eltern – und ihrem eigenen? Die negativen Auswirkungen können bis zu einem gewissen Grad verhindert werden, wenn wir uns auf unsere Handlungen und auf das Leben unseres Kindes im Hier und Jetzt konzentrieren.

Was möchten Sie als Eltern?

Wollen Sie einfach, dass Ihr Kind glücklich ist? Denken Sie oft über die Ausbildung und die Karriere Ihres Kindes nach? Was sind Ihre größten Sorgen? Welche Träume haben Sie für die Zukunft Ihres Kindes – und inwieweit beeinflussen Ihre Träume Ihr Kind? Wie wichtig ist es Ihnen, dass Ihr Kind zu einem gesunden und kompetenten Menschen heranwächst?

Kinder zu bekommen ist zunächst ein sehr egoistisches Projekt. Wir bekommen Kinder nicht der Kinder wegen, sondern in der Hoffnung, dass sie unser Leben bereichern werden. Sobald ein Kind geboren ist, sinkt unsere Selbstsucht und es steigt das Interesse an der Sorge um das Kind. Die Einstellung der Eltern schwankt oft zwischen zwei Extremen: »Du bist mein Kind und ich entscheide!« und »Mein Kind ist mein Leben!«. Eine ausgewogene Einstellung liegt zwischen diesen beiden Polen.

Unabhängig davon, wie ein Kind geboren wird und welche Träume und Ängste seine Eltern beschäftigen, gibt es unzählige Dinge, die Sie richtig machen können – und noch mehr, die missverstanden werden könnten. Dennoch gibt es eine gemeinsame Motivation, die unser Handeln prägt und sowohl im Privaten als auch in Institutionen gilt: Die meisten Eltern wünschen sich, dass ihre Kinder im Alter von 20 Jahren physisch gesund sind und dass sie über gute psychosoziale Kompetenzen verfügen, damit sie fähig sind, mit sich selbst und anderen zurechtzukommen.

Dieser Wunsch gilt für alle Kinder, egal unter welchen Umständen sie geboren werden, ob gesund, von Geburt an unter einer chronischen Krankheit leidend, behindert, reich oder arm. Psychisches Wohlbefinden und soziale Kompetenzen sind wichtige Voraussetzungen, um lernen zu können, sowohl in der Schule als auch vom Leben selbst. Sie sind der optimale Schutz gegen jegliche Art von Gefahren oder Risiken, welche die Zukunft bringen könnte. Sie sind außerdem das Beste, um Abhängigkeiten, Missbrauch, Gewalt, Essstörungen und vieles mehr zu verhindern. Und sie sind weitaus effektiver als Grenzensetzen, Regeln, Strafen, Moralisieren oder Bewertungen sowie alles andere, das wir traditionellerweise als Präventionsmaßnahmen erachten.

Trotzdem sind wir noch weit von diesem Ziel entfernt. In vielerlei Hinsicht geht es Erwachsenen und Kindern heute besser als je zuvor. Wenn wir allerdings unsere psychische und soziale Gesundheit und unsere allgemeine Lebenskompetenz ansehen, so sind die meisten unserer Bemühungen erfolglos. Die Statistiken sprechen klare Worte: Missbrauch und Abhängigkeit nehmen zu, auch die Zahl jener Kinder, Jugendlichen und Erwachsenen in psychologischer Behandlung. Der Verbrauch von Antidepressiva, Schlaftabletten und anderen Medikamenten zur Regulierung des psychosomatischen Wohlbefindens ist erschreckend hoch. Hinzu kommt, dass die Kosten im Sozial- wie auch Gesundheitsbereich stetig steigen, sich aber als weniger effektiv erweisen. Der Traum von einer Wohlstandsgesellschaft, die für unsere Gesundheit und Lebensqualität sorgt, hat sich in einen

Albtraum verwandelt. Die einzige brauchbare Lösung heißt: persönliche Verantwortung.

Was können Sie tun?

Der bestmögliche Schutz besteht aus den folgenden Elementen:

1. Ein gesundes Gefühl zu seinem Selbst entwickeln und die Erfahrung, sich als wertvoll für die Menschen zu erleben, die wir lieben. Das Gefühl, dass wir okay sind. Dass wir es wert sind, geliebt zu werden genau so, wie wir sind – hier und jetzt.

2. Die Möglichkeit, unser Leben in vollem Umfang zu leben, unsere Potenziale bestmöglich zu entfalten, sowohl auf intellektueller als auch auf emotionaler und psychischer Ebene. All das unterstützt unseren Selbstwert.

Diese Qualitäten entwickeln sich in erster Linie innerhalb der Familie. Bildungseinrichtungen tendieren dazu, sich auf die Zukunft zu konzentrieren, dabei wäre es von Vorteil, wenn sie sich mehr auf das Hier und Jetzt besinnen würden, weil dies auch das Lernen der Kinder verbessert. Institutionen sind allerdings grundsätzlich mehr damit beschäftigt, neue Fähigkeiten zu entwickeln.

Es ist ein ernsthaftes Problem für heutige Kinder, dass ihre Eltern versuchen, die Techniken der Lehrer zu übernehmen. Sogar während der Freizeit, in der Kinder spielen und kreativ sein sollten, bieten ihre Eltern ihnen externe Anregungen. Kinder verbringen ihre Nachmittage und Wochenenden mit andauernder Unterhaltung durch Fernsehen, Filme oder andere mediale Aktivitäten. Die Folge davon sind Mädchen und Jungen, die von externen Unterhaltungsprogrammen überstimuliert sind. Sie haben weder gelernt noch wissen sie intuitiv, wie sie ihren Weg in ihr Innerstes finden können: den Ort, an dem die unverfälschte Kreativität verborgen ist. Das Gleiche gilt für viele Erwachsene. Unnötiger Stress, der psychosomatische Probleme und sogenannte »Verhaltensauffälligkeiten« auslöst, ist die Folge.

Wenn nun Eltern zu alldem auch noch Ambitionen und Ziele für die Zukunft ihres Kindes hegen, so passieren zwei Dinge:

1. Als erste Konsequenz entsteht ein hoher Stressfaktor. Kinder können im Grunde mehr Stress aushalten als Erwachsene, aber nur, wenn sie gelernt haben, sich auch zu entspannen. Dazu braucht es natürlich die Erfahrung und die Fähigkeit, dem, was im Inneren passiert, Aufmerksamkeit zu schenken. Dies wird heutzutage als »Achtsamkeit« bezeichnet.

2. Was als Nächstes passiert, wirkt sich gleichermaßen auf die Gesundheit und den psychosomatischen Schutz aus. »Wenn meine Erwachsenen ständig mit den nächsten Schritten meiner Entwicklung beschäftigt sind, dann fühle ich mich nicht okay so, wie ich jetzt gerade bin!« Und das verhindert, ein Gefühl für sich selbst zu entwickeln. Das Selbstwertgefühl ist ein weitaus wichtigerer

Schutz als das Selbstvertrauen, das ich mir durch das Erlernen verschiedenster Fähigkeiten aneigne.

Sich hier und jetzt nicht okay fühlen: Paradoxerweise heißt das, dass die Ziele, die Eltern für ihre Kinder mit viel Ambition verfolgen, genau aus diesem Grund nicht erreicht werden. Fragen Sie irgendeinen Spitzensportler oder Firmenchef über 45, ob Selbstvertrauen und Statussymbole der Eltern ihr Leben, ihre Beziehungen oder ihr Leben als Eltern ihrer eigenen Kinder bereichert haben. Die einstimmige Antwort wird »Nein« sein.

Für Kinder, die sich – aus welchem Grund auch immer – anders fühlen, ist all dies von noch größerer Bedeutung.

Was tut die Politik?

Egal, mit wem wir sprechen, Hirnforschern, Naturwissenschaftlern, die sich mit Gesundheit und Wohlbefinden befassen, Geisteswissenschaftlern, Pädagogen oder Entwicklungspsychologen, sie alle kommen zu dem gleichen Schluss: Es ist nichts daran auszusetzen, sich Ziele zu setzen oder einen Traum zu verfolgen, doch ohne den Zufluchtsort, den das »Hier und Jetzt« dem Geist, dem Körper und der Seele bietet, kann vieles fehlschlagen. Außergewöhnliche Leistungen setzen die Fähigkeit, sich auf das Hier und Jetzt zu konzentrieren voraus. Eine gute persönliche Beziehung beruht auf der Fähigkeit aller Seiten, präsent und aufmerksam zu sein.

Es überrascht nicht, dass Eltern durch so viele und oft auch gegensätzliche Expertenratschläge verwirrt werden.

An einem Tag sind die Schule und Ausbildung wichtig. Am nächsten ist es die Ernährung, dann die körperliche Ertüchtigung, Bestimmungen zum Alkoholverbrauch und so weiter. Natürlich ist es ein Problem, dass die Welt voll sogenannter »Experten« ist, die vorgeben, sehr viel über sehr wenig zu wissen. Ein anderes genauso bedenkliches Problem ist jedoch, dass unsere Politiker beziehungsweise die verschiedenen staatlichen Ressorts nicht miteinander kommunizieren.

Stellen wir uns einen Moment lang vor, dass sich die verschiedenen Abteilungen (zuständig für Ernährung, Gesundheit, Kinder, Familien und andere) zusammensetzen, um ihre Ergebnisse gemeinsam zu evaluieren. Sehr bald würden sie feststellen, dass ihre Ausgaben ohne einen qualitativen Kontrollmechanismus getätigt werden. Viele ihrer Maßnahmen zerstören die Kreativität, die Fröhlichkeit und die allgemeine Gesundheit vieler Kinder. Und als ob das nicht schon genug wäre, verursachen sie auch noch Nervosität und Stress in vielen Familien mit schweren Folgen für alle Beteiligten. Keines unserer Familylab-Büros, egal in welchem Land, hat jemals die Erfahrung einer Regierung gemacht, in der diese Art der Kommunikation vorhanden wäre. Die monetäre Belastung scheint einfach zu hoch.

Letzten Endes liegt es an den Eltern, eine geschlossene Front im Leben ihrer Kinder zu bilden. Es wäre wünschenswert, wenn Politiker und Beamte hier ein klein wenig unterstützend wirken würden.

Seien Sie persönlich und eine neue Welt wird sich eröffnen

Im Moment sind Kinder einem Zuviel an »Erziehung« ausgesetzt. Die unübersehbare Folge davon ist, dass »Erziehung« immer mehr an Einfluss verliert und unerheblich wird – sogar kontraproduktiv. Wieder erfahren Kinder, dass sie zu Werkzeugen ihrer Eltern werden, um ein öffentliches und persönliches Image zu schaffen. Ungefähr 50 % der Kinder geben den elterlichen Bedürfnissen nach, während die andere Hälfte ihre Eltern herausfordert, so gut sie kann. Die Anzahl der Kinder mit sogenanntem »unbegründetem Ärger« oder »oppositionellem Verhalten« steigt.

Wieso widersetzen sich manche Kinder oder werden wütend? Weil Eltern ihnen vermitteln: »Wenn du es nicht für uns, deine Eltern, tust, wirst du niemals ein anständiger Mensch werden!« Eine elementare Deklaration von Misstrauen in die natürliche Fähigkeit und den Wunsch eines Kindes, zu kooperieren, und ein neuerlicher Versuch, seine Zukunft zu kontrollieren. Viele Eltern sind noch nicht daran interessiert, wie Kinder wirklich denken und fühlen. Sie interessieren sich mehr dafür, wie Kinder zu denken und zu fühlen haben. Wenn dem auch noch Lob und verbale Liebeserklärungen nachfolgen, wird der Selbstwert der Kinder geschwächt. Manche von ihnen entwickeln eine erlernte Hilflosigkeit. Was ist zu tun?

1. Die Lösung ist gleichermaßen einfach wie schwierig zugleich. Verbringen Sie Zeit mit Ihrem Kind – vorzugsweise ohne sogenanntes »Lernspielzeug«. Sie müssen gar

nichts sagen. Sitzen Sie still, beobachten Sie, und Sie werden etwas Neues über Ihr Kind erfahren. Versuchen Sie nicht, es zu belehren oder es zu erziehen. Nehmen Sie es einfach so wahr, wie es ist, und seien Sie persönlich. Eine neue Welt wird sich Ihnen eröffnen.

2. Wenn Ihr Kind zu Ihnen sagt: »Mir ist soooo langweilig«, machen Sie sich keine Sorgen. Es gibt keinen Grund, sich schuldig zu fühlen oder einen Veranstaltungs- oder Beschäftigungskatalog zu präsentieren, dieser würde ohnehin zurückgewiesen werden. Schenken Sie ihm ein freundliches Lächeln und sagen Sie: »Gratuliere dir, mein Freund. Es wird spannend sein, zu sehen, welche Ideen du haben wirst.« Langeweile hält kaum länger an als 20 Minuten. Das ist die Zeit, die ein Mensch braucht, um sich von den äußeren Anregungen zu lösen, sich mit sich selbst und seiner eigenen Kreativität zu verbinden. Versuchen Sie dies mal an sich selbst: Wenn Sie sich innerlich unruhig fühlen – Kinder nennen das »Langeweile« –, schalten Sie Ihr Mobiltelefon, Ihren Computer und Ihr Fernsehgerät aus, und lassen Sie sich überraschen, was passiert.

3. Wenn Sie Ihr Kind zu Bett bringen und Sie die Möglichkeit haben, ein paar Minuten zusammen zu verbringen, erzählen Sie von Ihrem Tag. Fragen Sie Ihr Kind nicht, wie sein Tag war – es wird es Ihnen automatisch erzählen. Wenn Sie mit Ihrem Kind spielen, so lassen Sie das Kind die Initiative ergreifen, anstatt die Beschäftigung zu steuern.

4. Es gibt keinen Grund, sich vor Stille oder Pausen zu fürchten – beides ist gut für die Atmosphäre. Versuchen Sie, sich weniger verantwortlich zu fühlen – das heißt: weniger überverantwortlich. Das, was Sie vielleicht als Ihre Verantwortlichkeit als Eltern erachten, steht einer echten Verbindung zwischen Ihnen im Weg. Wenn Sie eine persönliche Beziehung entwickeln möchten, so müssen Sie sich selbst zeigen und verletzlich sein.

Jede Minute und jede Stunde, in der Sie in diesem Sinne mit Ihrem Kind in Beziehung stehen, werden seinen seelisch-leiblichen Schutz stärken. Folglich müssen Sie sich nicht um die Zukunft sorgen, denn Sie bauen damit eine gesunde Beziehung zwischen Ihnen auf. Es wird Ihnen beiden guttun – viel besser als jegliche präventive Maßnahme, die Sie sich jemals vorstellen können.

10

Werte, die Führung schaffen

Ich glaube, dass meine Eltern genauso viele emotionale Schwierigkeiten mit ihrer Elternrolle und mit uns Kindern hatten wie die Eltern heute, aber wenn es um Werte ging – also um die Frage, was macht man, wenn dieses oder jenes passiert –, war es eigentlich ganz einfach. Sie konnten sich mit der Nachbarin unterhalten, mit der Schwester, dem Bruder oder mit meinen Lehrern, und alle hatten irgendwie dieselbe Meinung. Ich kann mich zum Beispiel nicht erinnern, dass meine Eltern und meine Lehrer je gestritten hätten. Wenn meine Eltern meinten, ich sei ein schlimmes Kind, dann meinten meine Lehrer das auch, und so war es dann auch. So etwas gibt es heute kaum – die armen Lehrer!

Die Wertvorstellungen meiner Eltern und der Eltern meiner Freunde waren ganz einfach: »In unserer Familie machen wir, was man macht, und wir machen nicht, was man nicht macht.« So war das. Heute gibt es kein »man« mehr. Darüber können wir natürlich trauern und sagen, dass wir etwas ganz Wichtiges verloren haben. Denn sehr viele der Werte, denen wir zwei bis drei Jahrhunderte lang folgten, sind mehr oder weniger verschwunden. Doch ich denke, dass einige der Wertvorstellungen, die wir und unsere Vorfahren damals hatten, nicht besonders konstruktiv waren. Als Paare, Partner oder Eltern haben wir heute andere Ziele.

Werte in Familie und Partnerschaft

Nachdem ich in Kapitel 1 mit den vier Persönlichkeitsmerkmalen von Leitwölfen in Familie und Gesellschaft die vier Eckpfeiler elterlicher Führung beschrieben habe und damit das Fundament des Familienhauses gebaut habe, ist es jetzt so weit, den Dachstuhl zu errichten. Das Baumaterial dafür sind Ihre Werte. Werte zu haben und sich ihrer bewusst zu sein ist wichtig für die Qualität Ihrer Führung, zudem ist es eine gute Vorbeugung gegen Hunderte bedeutungsloser Konflikte im alltäglichen Zusammenleben mit Ihren Kindern.

Unsere Werte stammen aus vielen verschiedenen Quellen.

- Philosophie
- Religion
- Politik
- Psychologie
- die Ursprungsfamilie
- die Großmutter
- der Lieblingslehrer oder die Mentorin
- spirituelle Einsichten und Erfahrungen.

In meinem Buch »Was Familien trägt«[10] habe ich versucht, vier grundlegende Werte für das Familienleben ausführlich zu beschreiben. Diese Werte sind die Summe meiner Erkenntnisse und Erfahrungen aus der langjährigen Arbeit mit Familien. Ich hatte sie nicht im Kopf, als ich meine therapeutische Arbeit begonnen habe, sondern sie haben sich einfach aus der Art und Weise, wie all diese Familien um die Lösung ihrer Konflikte und Meinungsverschiedenheiten gerungen haben, herauskristallisiert. Sie sind nicht präventiv in dem Sinne, dass sie Konflikten und Problemen innerhalb von Familien vorbeugen würden, sondern einfach Prinzipien und Leitlinien, die Ihnen helfen werden, harte Zeiten zu überstehen und daraus mit mehr Lebensweisheit und mehr Nähe in Ihrer Familie hervorzugehen. Diese Werte sind:

- Gleichwürdigkeit
- Integrität
- Authentizität
- persönliche Verantwortung.

Falls Sie sich dafür entscheiden, im genannten Buch ausführlicher über diese vier Werte zu lesen, oder wenn Sie meine Zusammenfassung dessen, was mir wichtig erscheint, auf den folgenden Seiten des vorliegenden Buches lesen: Sie sollten wissen, dass es nicht wichtig ist, ob Sie mit ihnen übereinstimmen oder nicht. Entscheidend ist, dass Sie anfangen werden, über Ihre eigenen und über die Werte Ihres Partners nachzudenken. Wenn Sie ein Bewusstsein für die eigenen Werte entwickeln, werden Sie eine Menge Zeit und Energie sparen. Sie werden zu einer glaubwürdigeren Person werden, und das wiederum wird Ihre persönliche Autorität stärken und es für Ihre Kinder einfacher und weniger verwirrend machen, zu Ihnen in Beziehung zu treten.

Eigentlich ist es fast so, als wäre man Fußball- oder Basketballtrainer. Jede Trainerin und jeder Trainer hat ihre beziehungsweise seine eigene Spielphilosophie, und die Spieler wissen, was sie zu erwarten haben und was das Ziel ist. Wenn der Trainer seine Philosophie alle vier Wochen ändert, werden die Spieler verwirrt und das Team wird eine schwache Leistung zeigen.

Heute stecken Kinder in vielen Familien in Chaos und Verwirrung, weil Eltern ihre Werte völlig unberechenbar und ohne offensichtlichen Grund ändern. Wenn sie morgens aufstehen, sind sie fest entschlossen, gute, moderne Mamas und Papas zu sein. Aber wenn ihr Zweijähriger sich plötzlich weigert, mit dem Rest der Familie das Haus zu verlassen, fühlen sie sich hilflos, und dann greifen sie auf die guten alten Werte von Zucht und Ordnung zurück und geben ihm einen Klaps oder dergleichen. Stellen Sie sich vor, Ihr Partner würde seine Werte ständig völlig willkürlich ändern – dann wissen Sie, wie schwer so etwas für Kinder ist.

Versuchen Sie also, in sich selbst und in Ihren Entscheidungen Ihre Werte zu finden. Versuchen Sie, herauszufinden, woher Sie diese haben, und entscheiden Sie dann, ob Sie sie behalten wollen. Erst wenn Sie wissen, was das für Werte sind und warum Sie sie haben, werden Sie in der Lage sein, sie durch solche Werte zu ersetzen, die Ihren Erwartungen und Zielen möglicherweise besser entsprechen. Die Kapitel »Der Leitwolf und das innere Kind« sowie die Kapitel

»Frau & Mutter sein« und »Wo sind die Männer und Väter?« können Sie dabei unterstützen.

Bevor es mit dem nächsten Abschnitt weitergeht, möchte ich noch eine Warnung aussprechen: Egal, wie wichtig Ihnen Ihre Werte sind, lassen Sie sie nie wichtiger werden als die Menschen, die Sie lieben. Wenn das passiert, haben wir es nicht mehr mit Werten zu tun, sondern mit Ideologie und Fundamentalismus.

Und ich möchte sagen, dass die vier für mich und meine Arbeit zentralen Werte Gleichwürdigkeit, Authentizität, Integrität, Verantwortung meiner Ansicht nach nicht ausreichen. Ich glaube, dass jede Familie auch andere Werte braucht. Doch diese anderen Werte entstammen Zusammenhängen, über die ich sehr wenig weiß. Sie können aus der Philosophie, der Religion, der Politik oder aus ganz anderen Quellen stammen. Von den vier Werten, die ich hier in diesem Buch beschreibe, wissen wir, dass sie die Mindestanforderung für das, was wir eine gesunde Familie nennen, sind. Ich verwende das Wort »gesund« hier ganz bewusst. Ein Grund ist, dass wir über viel Wissen verfügen, was mental gesund macht und was nicht. Der zweite Grund ist, dass heute alle glücklich sein wollen. Eltern wollen zwar nicht notwendigerweise selber glücklich sein, aber sie wollen unbedingt glückliche Kinder haben. Sie wollen Kinder haben, die vierundzwanzig Stunden am Tag glücklich sind. Das ist natürlich Wahnsinn und es ist unmöglich, aber so ist der momentane Trend. Und hier möchte ich mich gern mit ein bisschen Vernunft einbringen.

Die von mir genannten Werte sind im Grunde nicht sehr originell, sie sind sozusagen nicht von mir erfunden – vielleicht mit Ausnahme der Gleichwürdigkeit. Aber wir haben auf dieser Basis jetzt fast vierzig Jahre lang Familienarbeit gemacht. Wir haben mit Familien mit Schwierigkeiten gearbeitet und auch mit Familien ohne besondere Schwierigkeiten. Und im Zuge dieser Arbeit haben wir festgestellt, dass diese Grundwerte wertvoll sind. Man kann sich darüber einen Vortrag anhören oder ein Buch lesen – und danach kann man alles wegschmeißen und sagen: »Das wollen wir nicht« oder »Der Mann ist ein Idiot« oder was auch immer Sie denken. Mir geht es um etwas anderes – ich denke, es wäre gut, wenn Sie heute oder morgen zu Hause über diese Dinge reden und sich fragen: »Was habe ich eigentlich für Wertvorstellungen? Was habe ich aus meinem Elternhaus mitgebracht? Was halte ich für wertvoll und was nicht? Was hast du mitgebracht? Und wie sind unsere gemeinsamen Wertvorstellungen, wenn wir unsere persönlichen Werte vergleichen und sozusagen zu fusionieren versuchen? Wie geht das? Und wollen wir diese Wertvorstellungen, oder wollen wir vielleicht etwas ganz anderes?«

Ganz automatisch werden Sie damit auch zu den Fragen kommen, die das vorliegende Buch inspiriert haben. Wie können wir das machen: gemeinsam Leitwölfe sein? Was will ich? Was willst du? Wie stellen wir uns Menschen vor, die ebenfalls prägend für unsere Kinder sind? Der Lehrer, die Tanzlehrerin, der Babysitter oder auch der Opa oder die Oma? Was nehmen wir an ihrem Verhalten hin, was wollen wir im Sinne der Kinder zu beeinflussen versuchen?

Vor etwa fünf Jahren habe ich mit fünfundzwanzig Ehepaaren aus Dänemark, Norwegen und Schweden eine sehr inoffizielle Studie durchgeführt. Ich habe sie gebeten, einen ganzen Samstag oder Sonntag mit der Familie zu verbringen und dabei ein Diktiergerät um den Hals zu tragen. Sie sollten aufnehmen, was sie eigentlich den ganzen Tag zu ihren Kindern sagen, und schauen, was für Wertvorstellungen dahinterliegen. Es war etwas überraschend, dass die Prozentzahlen der Antwortkategorien in den drei Ländern fast genau gleich waren. Die Eltern haben festgestellt, dass etwa fünfzig Prozent dessen, was sie zu ihren Kindern sagten, im Grunde entweder unnötig war oder nicht wirklich so gemeint – oder beides. Etwa achtzehn bis zwanzig Prozent des Gesagten hat die Eltern geradezu erschreckt, denn da haben sie hören können, dass sie eigentlich genau das zu ihren Kindern sagten, was sie niemals sagen wollten – so haben damals die eigenen Eltern mit ihnen geredet, und das wollten sie *ihren* Kindern niemals antun. Und trotzdem tun sie (und wir) genau das. Bei den restlichen fünfzehn bis achtzehn Prozent der Aufnahmen haben die Eltern sich selbst gehört und gesagt: »Ja, so ein Vater möchte ich gern sein – nicht nur fünfzehn, sondern hundert Prozent der Zeit!«

Deswegen ist es so wesentlich – nicht nur für uns als Erwachsene, sondern auch für unsere Kinder –, dass wir ein bisschen über unsere Wertvorstellungen nachdenken und sie miteinander oder zumindest füreinander formulieren. Und dann können wir schauen, wie sich das alles entwickelt. Auch das ist wichtig, denn vielleicht wollen wir diese Wertvorstellungen in fünf Jahren nicht mehr haben.

Warum ist das wichtig? Es ist nicht einfach nur eine philosophische Übung – sondern es ist wichtig, weil so viele

Eltern heute über Elternschaft und über ihre Kinder reden, als ginge es da nur um Arbeit, um Aufgaben, die man zu erledigen hat. »Wie anstrengend! Drei Kinder, mein Gott, wer schafft das?« Und ich verstehe dieses Gefühl. Wenn man so von Konflikt zu Konflikt lebt und Dinge sagt wie: »Gott sei Dank, heute Morgen wollte mein Sohn wenigstens Zähne putzen (anziehen wollte er sich allerdings nicht)«, ist das natürlich furchtbar anstrengend. Dann wendet man sich meistens an sogenannte Experten wie mich. Hierzu möchte ich etwas sagen: Es heißt oft über mich, ich sei so eine Art Erziehungsexperte, doch das ist nicht richtig – es gibt meiner Meinung nach keine solchen Experten. Ich habe zumindest noch keine getroffen. In Deutschland ist das ein bisschen verwirrend, denn man kann hier Erziehungswissenschaften studieren. Doch das bedeutet nicht, dass es viele Erziehungsexperten gibt. In den letzten zwanzig Jahren gab es eine unglückliche Vermischung der Begriffe Pädagogik und Erziehung, aber Erziehung innerhalb der Familie ist und sollte vollkommen verschieden sein von institutioneller Pädagogik. Sonst geht es allen Beteiligten schlecht.

Eltern wenden sich also an sogenannte Experten und fragen: »Wie macht man das? Mein Kind will kein Gemüse essen, was mache ich? Mein Kind will nicht schlafen, was mache ich? Mein Kind will seine Hausaufgaben nicht machen, was mache ich? Mein fünfzehnjähriger Sohn kommt abends nicht nach Hause, was mache ich?« Ich denke, wir wissen alle, dass es solche Antworten nicht wirklich gibt. Es gibt viele Antworten, man kann Tausende von Büchern kaufen, aber irgendwie funktionieren diese Antworten nie, und sie sind auch nicht glaubwürdig. Um zu entscheiden, was man in solchen Situationen machen soll, braucht man keine Experten – man braucht seine eigenen Wertvorstellungen, man braucht seine Reflexionen und Proflexionen[11], und man muss selbst nachdenken.

Für Kinder ist es sehr deutlich, dass Werte eine große Rolle spielen. Ich bin jetzt Großvater; als mein Enkel drei Jahre alt war, war er allein bei mir, und seine Eltern wollten ein bisschen später kommen. Dann sollten alle bei mir essen. Der kleine Alex und ich haben ein Buch gelesen, und dann habe ich gesagt: »Alex, ich habe jetzt Hunger, ich gehe etwas essen. Hast du auch Hunger?«, und er hat geantwortet: »Nein.« Dann bin ich in die Küche gegangen und habe das Essen vorbereitet und erwartet, dass innerhalb der nächsten zwanzig bis fünfundzwanzig Minuten die Eltern kommen und wir essen. Fünf Minuten später kam erst mal seine Mutter, und Alex ist zu ihr gegangen und hat gesagt: »Weißt du, wenn der Opa Hunger hat, muss ich nicht essen!« Ich finde, diese Geschichte zeigt sehr gut, wie Kinder denken sie denken unmittelbar: »Ich muss es machen wie meine Eltern. Oder wie meine Großeltern.« Für meinen Enkel war es eine riesige Erfahrung, dass man das nicht machen muss – das heißt nicht, dass er es auch für zu Hause übernimmt. Und, mit drei Jahren, kann er es formulieren. Wie lange er es schon gedacht hat, weiß ich nicht – wahrscheinlich schon seit längerer Zeit.

Und hier sind wir wieder beim Thema – diese Erfahrung ist die Folge einer Wertvorstellung, einer meiner Wertvorstellungen: Gleichwürdigkeit. Man kann andere Wertvorstellungen haben, zum Beispiel: »In unserer Familie essen wir um Viertel nach sechs alle zusammen, und wir bleiben sitzen, bis das Essen vorbei ist.« So war es in meinem Elternhaus. Das war nicht sehr angenehm, wir haben nicht viel Appetit gehabt, und es war überhaupt nicht lustig, aber es gab einen Wert, der für meine Eltern sehr wertvoll war – Ruhe. Und damals waren die Frauen ja auch ruhig, das heißt, wenn die Kinder ruhig waren, dann war wirklich Ruhe!

Im Folgenden werde ich etwas näher auf die Werte Gleichwürdigkeit, Integrität, Authentizität und Verantwortung eingehen, denn jeder von ihnen ist unverzichtbar für eine gelungene Führung in der Familie.

Gleichwürdigkeit – den anderen Menschen wahrnehmen und ernst nehmen

Gleichwürdigkeit ist nicht gleichzusetzen mit Gleichheit. Wenn ich über Gleichwürdigkeit zwischen Erwachsenen und Kindern spreche, regen sich viele Erwachsene (nicht nur Eltern, sondern auch Pädagogen) sehr auf, denn sie verstehen unter diesem Begriff unmittelbar etwas anderes, nämlich Gleichheit – dass die Kinder genau die gleiche Macht haben wie die Eltern. So ist es natürlich nicht gemeint, deswegen heißt es Gleichwürdigkeit.

Es gibt keinen Zweifel an der Tatsache, und sie lässt sich auch nicht ändern: In einer Familie haben die Erwachsenen die ganze Macht. Sie können sich zwar machtlos fühlen, und wir erleben viele Familien, in denen die Kinder eigentlich auf dem Führersitz sitzen, doch das ist nur möglich, wenn die Eltern ihre Macht nicht haben wollen. Macht ist für manche Menschen kein sehr schönes Wort. Die meisten von uns wurden mit demokratischen Wertvorstellungen erzogen, zumindest politisch. Dazu möchte ich sagen, dass die demokratischen Wertvorstellungen sehr wertvoll sind – auch innerhalb von Familien oder bei Paaren –, doch sie reichen nicht aus. Politische Wertvorstellungen haben im Grunde nur mit zwei Themen zu tun: Verteilung von Geld und Macht. Dagegen geht es bei Familien oder bei dem Zusammenleben innerhalb von Familien um viel mehr als um die Verteilung von Macht und Geld. Wir brauchen also andere Wertvorstellungen.

Gleichwürdigkeit bedeutet, dass ich als Partner/Partnerin oder als Vater/Mutter meinen Partner oder mein Kind genauso ernst nehmen sollte wie mich selbst. Ich muss versuchen, die Bedürfnisse, Wünsche, Träume und Ambitionen meiner Frau, meines Mannes oder meines Kindes mit einzubeziehen, statt sie zu ignorieren und zu sagen: »Das kommt nicht infrage«, oder: »Darüber können wir reden, wenn du erwachsen bist.« Das ist eine sehr schwierige Übung, aber es lohnt sich – mit Kindern und mit Erwachsenen.

Wir haben uns jetzt dreißig Jahre lang darin geübt, und wir haben viel Erfolg gehabt. Doch ich glaube, es dauert noch eine Generation, bis diese Gleichwürdigkeit selbstverständlich und nicht mehr so schwierig für uns alle ist.

In meiner Generation haben die Frauen sich entschieden und gesagt: »Jetzt wollen wir nicht mehr nur funktionieren, wir wollen auch anerkannt werden als vollwertige Menschen. Wir wollen nicht nur in unserer traditionellen Rolle leben, wir wollen auch keine Partnerschaft, die nur ein Rollenspiel ist. Wie machen wir das?« Meine Generation hat auch gesagt: »Väter sollten eigentlich ein integrierter Teil von Familie sein.« Das ist in unserer Geschichte eine ganz neue Vorstellung, denn Väter waren, wie schon im Kapitel »Wo sind die Männer und Väter?« dargestellt, bis dahin nie in Familien integriert, sie waren immer an der Peripherie, am Rand, am Geldverdienen. Sie haben sozusagen funktioniert, aber sie waren nie Teil der gefühlsmäßigen Infrastruktur innerhalb der Familie. Dafür waren die Frauen verantwortlich, und das haben die Frauen übernommen. Heute legen wir Wert darauf, dass Väter das auch machen. Das ging am Anfang über Hausarbeit, Kochen und Ähnliches – heute haben wir die nächste Stufe erklommen: Wir reden darüber, was es heißt, *Vater zu sein.*

Gleichwürdigkeit ist wichtig, aber sie macht Familie und Beziehung auch sehr schwierig. Die Frage ist, wie man in der Familie gleichwürdig Führerschaft ausüben kann. Dazu gehört, wie bereits erwähnt, dass man die Bedürfnisse, Wünsche, Träume, Ideen und Gedanken des anderen einbeziehen muss. Man muss nicht notwendigerweise alles mitmachen, aber man muss ihn oder sie ernst nehmen und wahrnehmen.

Integrität – persönliche Grenzen, Bedürfnisse und Wertvorstellungen

Integrität ist ein alter Begriff. Früher haben wir meist über moralische Integrität gesprochen. Einem Menschen, der so handelte, wie er redete, hat man in unserer Gesellschaft immer Respekt entgegengebracht. Doch Integrität umfasst auch noch etwas ganz anderes – sie beinhaltet die Übereinstimmung unserer persönlichen Grenzen, Bedürfnisse, Gefühle und so weiter mit unserem Tun und Handeln.

Wir reden in den letzten zehn Jahren viel über das Grenzensetzen gegenüber Kindern, und es gibt die entsprechenden Bücher wie »Kinder brauchen Grenzen« – als wäre es das Wichtigste für Kinder und ihr Wohlbefinden, dass Erwachsene ihnen Grenzen setzen. Ich denke, die meisten von uns wissen: Es gibt keine Grenzen, die Kinder brauchen – das ist völliger Quatsch. Wenn die Leute Grenzen sagen, meinen sie Regeln. Man kann sagen: »Diese Regeln gibt es bei uns, so essen wir, so schlafen wir, so machen wir dieses und jenes. Im Haus laufen wir nicht mit Schuhen rum«, und so weiter. Das hat aber nichts mit Grenzen zu tun – das sind Regeln. Worüber wir eigentlich reden sollten, ist die Tatsache, dass *Kinder Grenzen haben*. Kinder haben von Geburt an persönliche Grenzen – wie gehen wir mit diesen Grenzen um?

Unsere Geschichte (unsere Erziehungsgeschichte und Pädagogikgeschichte) ist sehr traurig. Wir haben die Grenzen von Kindern jahrzehnte- und jahrhundertelang nicht wahrgenommen, wir haben sie verletzt und ignoriert. Heute beginnen wir anzuerkennen, dass Kinder tatsächlich Grenzen haben, und wir beginnen, darüber nachzudenken, wie wir damit umgehen. Eine Menge von dem, was wir unter Erziehung verstehen, verletzt die Grenzen von Kindern und kränkt sie. Wollen wir das, ist das wirklich notwendig, brauchen Kinder wirklich Kränkung? Oder sollten wir uns damit beschäftigen, wie wir mit Kindern umgehen können, dass wir ihre Grenzen nicht verletzen? Dann verletzen die Kinder auch nicht unsere Grenzen – wir wissen ja, Kinder kooperieren.

Jetzt gibt es diese traurigen Geschichten, diese Schulschießereien. Bei einer von ihnen hat der Jugendliche einen Brief hinterlassen, und in diesem Brief steht ganz deutlich: »Ich war zehn Jahre in der Schule, und jeden Tag hat man mir gesagt: Du bist ein Verlierer.« Wir wissen alle, dass das stimmt – so reden Erwachsene mit Kindern! Und natürlich kommt es an einen Punkt, wo diese Kinder uns und unsere Grenzen nicht mehr akzeptieren.

Wir lernen jeden Tag Neues. Die Technologie hat uns viel geholfen, wir können jetzt Babys, kleinere und größere Kinder filmen und wir sehen dabei ganz deutlich: Wenn der Vater dieses macht oder wenn die Mutter jenes sagt, dann tut das weh. Das hätte meine Eltern nicht gestört, denn die haben noch gelernt: Es muss wehtun. Es muss nicht lustig sein, Kind zu sein – nur in der Freizeit sozusagen, wenn die Eltern nicht dabei sind. Ja, wir verletzen noch immer täglich die Grenzen von Kindern, und trotzdem haben wir langsam ein neues Bild aufgebaut – wir versuchen, kinderfreundlich zu sein, wie wir es nennen. Wir versuchen, Kinder auf eine andere Art und Weise zu lieben und zu erziehen als früher, und das ist wunderbar. Das heißt allerdings nicht, dass es uns schon gelungen ist. Aus diesem Grund ist das Thema persönliche Integrität ein wichtiger Baustein für eine liebevolle Führung in der Familie. Frauen haben darüber schon viel gesagt, denn Frauen wurden in unserer Familiengeschichte auch sehr oft verletzt. Sie durften im Grunde keine Grenzen haben, durften sich nicht von ihren Männern oder anderen Menschen abgrenzen. Dennoch, auch für sie ist das Thema noch relativ neu, und für Männer ist es nicht nur neu, sondern fast unbekannt.

Integrität ist also wichtig – was machen wir, tut das weh, wie tut das weh? Ich möchte ein Beispiel nennen: Wir oder die meisten von uns sind so für unsere Kinder engagiert, dass wir ihnen auf keinen Fall wehtun wollen. Wir wollen ihre Grenzen nicht verletzen, wir wollen unbedingt all ihre Bedürfnisse befriedigen und so weiter. Das hat zu einem temporären Missverständnis geführt. Es gibt heute viele Eltern, die den Unterschied zwischen Wünschen und Bedürfnissen nicht mehr kennen. Um sicherzugehen, geben diese Eltern ihren Kindern alles, was diese sich wünschen – doch ausgerechnet das, was die Kinder brauchen, bekommen sie nicht. Das ist ein Problem, und viele Leute über sechzig kritisieren das heftig. Ich denke, man sollte das nicht tun, denn das sind alles notwendige Experimente. Wenn wir eine neue Art von Erziehung entwickeln wollen, müssen wir dabei auch Fehler machen. Die Kinder werden das überleben. Wir haben alle überlebt, und wir sind mehr oder weniger in guter Form. Das heißt, man sollte keine Ängste haben – aber man kann natürlich ein bisschen vorsichtig sein.

Innerhalb einer Kommunikation, in Beziehungen, Paarbeziehungen merken wir es ganz genau, wenn eine bestimmte Sache passiert. Wir wissen genau, solange das »Ich« über »mich« und das »Du« über »dich« redet beziehungsweise solange man über ein gemeinsames Thema spricht, ist alles okay, und dann entstehen manchmal sogar Nähe und Verständnis. Doch sobald wir damit anfangen, *über* den anderen zu reden, geht es los. Dann fangen wir an, einander wehzutun, und es führt zu nichts. Und genau das machen wir täglich mit unseren Kindern.

Die norwegische Forscherin Berit Bae hat einen wunderbaren Begriff erfunden, er lautet »Definitionsmacht der Erwachsenen«. Der Begriff umschreibt das Phänomen, wenn Erwachsene Dinge sagen wie: »Du bist dieses oder jenes … Jetzt bist du so und so … Jetzt bist du nicht so und so …« Wir wissen genau, dass wir unter Erwachsenen nicht so reden könnten. Man kann natürlich versuchen, eine Woche lang so mit seiner Partnerin zu reden – dann hat man am Sonntag keine Partnerin mehr. Aber die Kinder müssen jeden Tag damit leben, dass die Erwachsenen sagen: »So bist du. So bist du. So bist du.« Anstatt Interesse zu zeigen und zu fragen: »*Wer* bist du?« Ich habe ein Buch geschrieben, dessen deutscher Titel »Grenzen, Nähe, Respekt«[12] ist. Im Original heißt es: »Hier bin ich! Wer bist du?« Wie schon erwähnt, stellen wir diese Frage »Wer bist du?« in den ersten Wochen und Monaten im Leben unseres Babys die ganze Zeit. Da sind wir ja unheimlich neugierig: »Wer bist du? Was bist du für ein Mensch? Was bedeutet dieses, was bedeutet jenes? Was willst du uns jetzt sagen?« Nach etwa einem Jahr hört das leider auf. Genau dasselbe passiert in Ehen, anfangs sind wir auch sehr interessiert, und nach einem Jahr heißt es nur noch: »Jaja, ich kenne dich.«

Es gibt Themen, bei denen man über Gesetze etwas bewirken kann, und das wurde auch getan. Die Vereinten Nationen haben eine Charta über Kinderrechte verabschiedet, und ich glaube, alle europäischen Länder haben inzwischen Gewalt in der Erziehung gesetzlich verboten – nicht nur in Schulen und Kindergärten, sondern auch in Elternhäusern.

Das bedeutet leider nicht, dass sie auch vorbei ist. In Dänemark kam bei der letzten Untersuchung zum Thema Gewalt heraus, dass über fünfzig Prozent der Eltern ihre Kinder noch immer schlagen. In Deutschland haben wir wohl ungefähr die gleichen oder sogar noch höhere Prozentzahlen. Und wir wissen inzwischen auch von den vielen sexuellen Übergriffen (ganz peinlich heute), auch da wurde gesetzlich etwas unternommen – unsere Staaten haben klar gesagt, was für eine Moral sie haben wollen. Doch es dauert wahrscheinlich einige – vielleicht bis zu fünf – Generationen, bis das auch ein natürlicher Teil unserer Wertvorstellungen wird. Allerdings können wir innerhalb einzelner – und natürlich unseren eigenen – Familien viel schneller etwas bewirken.

Der Wille zur Authentizität – ohne ihn können Liebesbeziehungen nicht erfolgreich sein

Das Thema Authentizität ist aus verschiedenen Gründen schwierig. Wenn ich sage, dass es sehr wichtig ist, dass Eltern in der Beziehung zu ihren Kindern so authentisch wie möglich sind, dann muss man dabei bedenken, dass die meisten von uns in Elternhäusern, Schulen und Kindergärten erzogen worden sind, wo genau das – authentisch zu sein – nicht erlaubt war. Meine Eltern haben gelernt, dass das Selbst der Kinder gefährlich ist, dass es nicht sein darf. Und meine Eltern waren ganz normal. Diese ganze Generation von Eltern hatte überhaupt kein Interesse an der Frage »Wer bist du eigentlich?« – diese Frage existierte für sie gar nicht. Es ist nicht interessant, wer du bist, sondern, ob du dich benehmen kannst.

Heute ist das anders, Gott sei Dank haben Eltern und auch Kitas und Vorschuleinrichtungen – bei Schulen bin ich mir noch nicht sicher – heute ein ganz anderes Ziel: Es geht nicht darum, Kinder zu *erziehen,* indem man mit aller Kraft an ihnen zieht, sondern man möchte, dass Kinder wachsen und sich entfalten und dass sie, wenn sie etwa siebzehn oder achtzehn Jahre alt sind, sich selbst als Individuum wahrnehmen und viel über die eigene Persönlichkeit wissen – dass sie Selbstgefühl haben. Um das zu schaffen, braucht man als Kind Eltern, die zumindest versuchen, so authentisch wie möglich zu sein. Was wir heute in meinem Beruf erleben, sind junge Eltern, die genau das Gegenteil machen – sie versuchen, Eltern zu spielen. Man hört das ganz deutlich, diese Eltern haben so merkwürdige Stimmen, immer etwas höher als ihre normalen Stimmen. Und sie haben so ein komisches Lächeln im Gesicht – ein kinderfreundliches Lächeln – und sie sagen alles Mögliche. Nach etwa zwei bis drei Jahren werden diese Eltern sehr frustriert und fragen, warum ihre Kinder ihnen nicht zuhören. Kinder würden das unheimlich gern tun. Wenn Erwachsene reden und dabei auch wirklich etwas sagen, dann bekommen Kinder ganz große Ohren. Das Gesagte muss allerdings eine gewisse Qualität haben, sonst hören Kinder eben weg.

Man muss sich also fragen: »Wer bin ich eigentlich?« Und das ist eine ganz wunderbare und sehr schwierige und oft auch sehr unangenehme Frage. Man muss sich fragen: »Was meine ich eigentlich? Was will ich eigentlich?« Das mit dem Wollen ist ein bisschen mein Thema in Deutschland – ich versuche hier immer, den Müttern zu vermitteln, dass sie nicht »Ich möchte« sagen dürfen. Viele sagen die ganze Zeit »Ich möchte« zu ihren Kindern, und wenn es vollkommen schiefläuft, sagen sie: »Mutti möchte« – das heißt, sie reden über sich selbst in der dritten Person und wundern sich, dass sie keinen Kontakt zu ihren Kindern bekommen! Stellen Sie sich vor, wir würden so miteinander reden oder ich würde so mit meiner Frau reden: »Dein Mann glaubt, dass du ... Dein Mann möchte jetzt essen«, und so weiter, das wäre sehr komisch. Aber so reden wir ohne Weiteres mit Kindern – das ist so nett, das ist so süß, und auf diese Weise können wir unsere Fantasien bewahren über diese kleinen Miniparadiese. Glücklicherweise wollen viele Eltern heute ihre Kinder unterstützen, ein gesundes Selbstgefühl beziehungsweise Selbstwertgefühl zu entwickeln. Die meisten von uns wissen, wie schmerzhaft es ist, wenn man ohne aufgewachsen ist und trotzdem versuchen muss, in Beziehung zu leben und zu arbeiten.

Kinder zu haben ist für Erwachsene die allerbeste Möglichkeit, ihr eigenes Selbstgefühl zu entwickeln. Das liegt daran, dass Kinder uns permanent herausfordern, sie wollen die ganze Zeit etwas haben, und wir wissen nicht immer, wie wir dazu stehen. »Will ich das? Will ich das nicht? Sollte ich das eigentlich? Oder bin ich ein schlechter Vater, wenn ich das nicht will?« Es gibt jeden Tag Tausende solcher und ähnlicher Fragen, und wir können täglich sehr viel über uns selbst lernen. Dass wir dieses Interesse haben, dass wir uns selbst suchen und kennenlernen, ist für unsere Kinder viel wichtiger, als über die Umwege Pädagogik oder Erziehung etwas zu lernen. Und dann können wir unseren Kindern sagen: »Ich weiß es nicht, eigentlich weiß ich es nicht. Du fragst mich jetzt, darf ich dieses oder jenes, und um ehrlich zu sein, ich weiß es im Moment nicht. Ich muss nachdenken, ich muss mit deinem Vater reden, ich muss mit meiner Freundin reden, und dann kann ich dir morgen oder übermorgen Bescheid sagen.« Und wenn Ihr Kind schon etwas älter ist, können Sie ergänzen: »Meine Mutter hätte das nicht erlaubt, aber ich bin ja nicht meine Mutter. Doch wer bin ich eigentlich?« Diese Möglichkeit gibt es immer, und ich glaube, es ist in diesen Jahrzehnten das größte Geschenk von Kindern an ihre Eltern, dass sie ihren Eltern ermöglichen, sich selbst zu suchen und sich zu fragen: »Wer bin ich eigentlich? Was will ich, und was will ich nicht?«, statt zu fragen: »Was hätte ich gern, wenn es möglich wäre?«

Die Aussage »Ohne den Willen zur Authentizität können Liebesbeziehungen nicht erfolgreich sein« kommt nicht von mir, sondern von dem Neurobiologen Gerald Hüther. Der sagt ganz einfach: ohne Authentizität keine Beziehung. Wenn wir über das Zusammenleben von Erwachsenen reden, ist das ziemlich neu. Es gibt diese Forderung schon von den Frauen, die wollen Männer, die manchmal anwesend sein können und die manchmal auch ihre Gedanken und Gefühle ausdrücken können. Und das geht nicht ohne Authentizität. Was bedeutet das, authentisch zu sein? Und warum ist es wertvoll? Wenn es uns gelingt, Authentizität oder Integrität in unser Reden oder Handeln zu integrieren, wächst unser Selbstwertgefühl!

Es gibt einen alten Streit zwischen Frauen und Männern.

Diesen Streit gab es in meiner ersten Ehe und den gibt es auch in meiner zweiten, und ich möchte ihn hier exemplarisch schildern. Meine Frau sagt plötzlich, ohne Warnung: »Du bist nicht anwesend.« Und ich weiß, jetzt geht es los. Wir Männer haben universell, transkulturell so eine Art Routine, wenn das passiert, und zwar stellen wir erst mal eine Frage: »Was meinst du?« Dann gewinnen wir ein bisschen Zeit, um unsere Verteidigung zu organisieren. Die meisten Frauen erklären gern, was sie meinen, auch mehrmals. Dann fangen wir an zu lügen, wir versuchen, lustig zu sein, und wir sagen: »Ich bin doch hier, guck mal, hier.« »Jaja«, sagen die Frauen, »dein Körper ist hier, aber den will ich im Moment nicht.« Wir alle wissen, so etwas kann einen ganzen Abend oder eine ganze Nacht dauern, und es kann auch ziemlich kalt werden. Man kann allerdings auch versuchen, die Wahrheit zu sagen. Das heißt, wenn die Frau sagt, man sei nicht anwesend, kann man ein bisschen in sich hineinhorchen und dann sagen: »Nein, da hast du recht, ich bin eigentlich nicht anwesend. Und wahrscheinlich wird das auch so bleiben, bis ich das Haus wieder verlasse.« Was dann passiert, ist: Dann ist es vorbei, denn dann ist man automatisch anwesend, weil man die Wahrheit sagt. Man kann also viel Zeit sparen.

Für Fachleute wie zum Beispiel Lehrer ist es unheimlich schwierig, authentisch zu sein, denn sie haben gelernt, dass ihre Autorität gerade mit ihrer Rolle zusammenhängt. Doch heute kommen die Kinder jeden Tag in die Schule und sagen: »Nein, das stimmt nicht. Wir haben keinen Respekt vor dir, nur weil du Lehrer bist.« Wir müssen also diese auf Rollen basierende Autorität durch persönliche Autorität ersetzen, das ist viel besser für alle – auch für die Lehrer. Aber es ist nicht einfach, und eine Zeit lang wird man sich als Lehrer unsicher fühlen, ohne Know-how sozusagen. Das ist schwierig, aber es lohnt sich.

Verantwortung – der Gemeinschaft und sich selbst gegenüber

Verantwortung im Sinne sozialer Verantwortung gegenüber der Gemeinschaft kennen wir bereits, das ist eine alte und auch schöne Geschichte. Dazu haben wir unsere Kinder immer erzogen. Dabei geht es um Verantwortung innerhalb der Familie, gegenüber dem Nachbarn, anderen Familien, der Stadt, der Gemeinde, der Kirche, dem Staat und so weiter. Das ist alles vollkommen in Ordnung, das können wir ruhig weiter so machen.

Was wir aber auch tun müssen, ist, uns mit Selbstverantwortung zu beschäftigen. Ich könnte darüber eine lange Rede halten, doch das werde ich hier nicht tun, und ich habe ja auch schon im vorhergehenden Kapitel über die persönliche Verantwortung geschrieben. Ich will dazu nur sagen, dass das Thema verschiedene Quellen hat, zum Beispiel die Psychologie, die Psychotherapie, die Existenzphilosophie. In diesen Disziplinen redet man schon seit dreihundert Jahren darüber, dass es Lebensqualität bedeutet, wenn man für sich selbst verantwortlich sein kann. Tatsächlich aber sind die meisten von uns in Gesellschaften und in Familien aufgewachsen, wo genau das nicht möglich war. In den letzten Jahrzehnten kam dann die Demokratie, und so wie sich das Ganze momentan entwickelt, können wir ruhig sagen, dass wir noch nie in unserer Menschheitsgeschichte so viel Freiheit gehabt haben, so viel Demokratie in vielen Ländern und – trotz Finanzkrise – auch noch so viel Geld wie heute.

Langsam entdecken wir allerdings, dass diese Freiheit auch ihren Preis hat, dass wir nämlich mehr und mehr für uns selbst verantwortlich sein müssen. Wir müssen jeden Tag entscheiden, wir müssen zwanzigmal am Tag eine ganz persönliche Entscheidung fällen – nicht nur Erwachsene, sondern auch Kinder. »Was willst du essen? Darf ich Freitag zu Soundso gehen? Was denkst du selbst?« Existenziell gesehen und mentalhygienisch sozusagen ist das wunderbar gesund. Wir werden ein paar Generationen junger Erwachsener erleben, die um ein Vielfaches kompetenter sind als die allermeisten Erwachsenen heute. Aber es ist auch nicht einfach.

Ich zitiere immer gern meinen Nachbarn in Kroatien, wo ich das halbe Jahr über in einem kleinen Dorf wohne. Mein Nachbar ist etwa in meinem Alter, um die sechzig Jahre alt. So viermal im Jahr trinken wir zusammen Kaffee, und wir sagen beide jedes Mal genau dasselbe. Er fängt jedes Mal an und sagt: »Jesper, das Leben war viel besser unter Tito.« Und ich sage jedes Mal: »Wie kannst du so etwas sagen!« Und er antwortet mir: »Ja, heute müssen wir so viel denken, damals mussten wir nicht denken.« Und das stimmt. Wenn man in einem autoritären System lebt, muss man nicht denken – man darf nicht denken! Persönliche Verantwortung ist politisch unangenehm.

Jetzt sitzen wir als Eltern da und müssen jeden Tag entscheiden, was wir wollen. Wir können im Kindergarten fragen, oder wir können fünf andere Eltern fragen, und die machen fünf unterschiedliche Dinge – es gibt keinen Konsens und keine Mehrheit. Es gibt Trends, aber das ist etwas anderes. Wir müssen also selber wählen. »Wie wollen wir als Mann und Frau zusammenleben? Wer soll an welchem Punkt der Bestimmende sein oder müssen wir uns auf eine gemeinsame Haltung einigen? Wollen wir uns verheiraten oder nicht? Wollen wir überhaupt zusammenleben?« In Italien und auch in anderen Ländern sagen die Frauen heute: »Nein, eigentlich nicht. Wir wollen gern ein oder zwei Kinder, und dafür suchen wir uns einen Spender, aber zusammenleben? Nein.«

Was bedeutet es, verantwortlich zu sein für seine Gefühle und Gedanken, für das, was man sagt, und dafür, wie man es sagt? Es beinhaltet, auch Kindern gegenüber für sich selbst verantwortlich zu sein. Das ist völlig neu. Eltern haben in unserer Welt dreihundert Jahre oder länger mit einer Doppelmoral gelebt. Sie haben gesagt: »Wenn meine Beziehung zu meinem Kind erfolgreich ist, ist das mein Erfolg – wenn sie nicht erfolgreich ist, ist mein Kind schuld.« Heute hören die Eltern langsam damit auf, aber die Schulen reden noch immer so. Da gibt es keinen Zweifel: Wenn es nicht funktioniert, sind die Kinder schuld oder – wenn man modern ist – die Eltern. Die Kinder machen heute bei dieser Doppelmoral nicht mehr mit, also müssen wir herausfinden, wie wir für uns selbst verantwortlich sein können. Wie geht das, verantwortlich zu sein, ohne schuldig zu sein? In Europa gibt es ja überall Schuld. Es gibt die katholische Art von Schuld, die könnte man »Schuld light« nennen, und im Norden gibt es den alten Martin Luther, das ist »Schuld heavy«. Bei Luther ist man schuldig geboren, und man sollte sich keine Hoffnungen machen – man stirbt auch schuldig.

In der katholischen Kirche kann man wenigstens zweimal in der Woche ein bisschen Erleichterung finden. Und wir treffen kaum Eltern – Mütter, sollte ich sagen –, die nicht in jedem zweiten Satz über ihr schlechtes Gewissen oder ihre Schuldgefühle reden: »Machen wir es gut genug? Schaden wir unseren Kindern?« Ich wünschte, ich könnte ihnen diese Schuldgefühle nehmen, aber das schaffe ich im Moment nicht. Es ist furchtbar, denn die meisten Eltern machen alles wunderbar und brauchen kein schlechtes Gewissen zu haben. Die große Frage ist – und es ist mir wichtig, klarzustellen, dass diese Frage nicht nur Eltern betrifft, sondern auch in der Industrie, in Unternehmen und in der Politik relevant ist – : »Wie kann ich andere Menschen führen, ohne sie zu verletzen?« Das ist die große Frage, sie ist Thema dieses Buches, aber noch lange nicht beantwortet, und sie stellt sich Eltern jeden Tag.

In den Siebzigerjahren kam die erste Herausforderung: »Wie können wir Kinder ohne Gewalt führen?« Heute würde die Frage von jüngeren Eltern wahrscheinlich lauten: »Wie können wir Kinder ohne Drohungen und ohne Belohnungen führen?« Meine Mutter würde sagen: »Das kann doch jeder!« Meine Mutter ist sechsundachtzig Jahre alt und ein bisschen dement, und sie meint, Eltern zu sein schaffe doch jeder. Meine Mutter versteht also überhaupt nicht, wovon ich lebe.

Es gibt einen Widerspruch, der für Eltern und Kinder sehr mühsam ist. Manche Eltern meinen, dass, wenn sie ihr Kind fragen: »Möchtest du Schwarz oder Weiß?«, und das Kind »Schwarz« sagt, es unbedingt auch Schwarz bekommen muss. Wenn ich dann von den Eltern wissen will, warum sie das glauben, antworten sie: »Ich habe doch gefragt.« Das ist interessant – so würden wir nie in einem Gespräch mit Erwachsenen denken. Stellen Sie sich vor, ich würde meine Frau heute Abend anrufen und fragen: »Was würdest du gern zu Ostern machen?«, und meine Frau würde irgendetwas antworten. Niemand würde mir sagen, dass ich das auch machen muss, nur weil ich gefragt habe! Wir wissen, dass so etwas anders funktioniert: Ich frage dich, du sagst, was du willst, ich sage, was ich will, und dann geht es los – dann reden wir darüber. Und mit etwas Glück feiern wir Ostern zusammen. Natürlich ist das immer ein Risiko, denn wenn wir unsere persönliche Integrität ernst nehmen, gibt es diese Garantie für ewiges Zusammenkleben nicht mehr.

11

Erfolg durch Anpassung: unsere kollektive Illusion

Wir scheinen mit der Illusion zu leben, dass es uns hinsichtlich unserer mentalen und psychosozialen Gesundheit relativ gut geht, doch, wie schon ausgeführt, ist dem nicht so. Die Zahl der Krankheiten, die auf unseren Lebensstil zurückzuführen sind, steigt, ebenso die Zahl junger Menschen, die Erwerbsunfähigkeitsrente beziehen, und Kinder mit »sonderpädagogischen Bedürfnissen«. Der Konsum legaler und illegaler Drogen unter den sogenannten gut funktionierenden Erwachsenen befindet sich auf einem Rekordhoch. Der Prozentsatz chronisch Alkoholabhängiger steigt ebenso wie die Selbstmordrate bei Kindern und Jugendlichen. Jeden Tag gibt es mehr Arbeitssüchtige, Kaufsüchtige, Sex- und Glücksspielsüchtige und andere Abhängigkeiten. Die Anzahl von Diagnosen und medikamentösen Behandlungen von Kindern und Jugendlichen steigt in einem unglaublichen Tempo, und genauso unglaublich ist der Prozentsatz von Kindern, die in die Kinder- und Jugendpsychiatrie und in Spezialkliniken, die auf kindliche Stresssymptome spezialisiert sind, aufgenommen werden.

Zeitgleich werden unfassbare Zahlen von sexuellem Missbrauch von Kindern, häuslicher Gewalt und sexuellen Übergriffen auf Frauen aufgedeckt. Die großartige Erfindung Internet bringt mit sich, dass Abermillionen von erwachsenen Männern, Vätern, Priestern, Führungskräften und Busfahrern von Pornografie abhängig werden, was tragische Folgen für ihre mentale und emotionale Verfassung und für ihre Partnerinnen und Kinder hat.

Ich bin sicher, Sie wissen, dass diese Liste noch viel länger sein könnte, aber meine Aufzählung müsste ausreichen, um die Frage zu stellen: »Wem wollen wir hier eigentlich etwas vormachen?« Es macht Sinn, zu argumentieren, dass eine Menge dieser Symptome damit zusammenhängt, dass viele alte Paradigmen in die Brüche gehen – Paradigmen im Zusammenhang mit der Wirtschaft, den Finanzen, der Politik und dem Handel. Sie alle hatten ihre glorreichen Tage, aber das war einmal.

Gemeinsam mit all diesen Symptomen ist ein wahrer Wald von helfenden Berufen herangewachsen. Viele dieser Berufe haben sich als machtlos erwiesen. Unsere therapeutischen Versuche, Kindern und Jugendlichen in Not zu helfen, haben eine Erfolgsrate von 5 bis 25 Prozent, je nachdem, welches Land man sich anschaut. Wenn man berücksichtigt, dass ein Großteil der Helfer und Therapeuten nur mit den Symptomen und meistens in einem Einzelsetting arbeiten will oder darf, könnte man diesen Prozentsatz fast schon als

Erfolg bezeichnen – wenn da nicht die restlichen 75 Prozent wären, die konsequent entweder als »nicht erreichbar« oder einfach als Verluste abgestempelt werden. Wenn 28 Prozent der Schulkinder einer Gemeinde als »psychotherapiebedürftig« bezeichnet werden, spiegelt das die Tatsache, dass die helfenden Berufe diesen Kindern genau mithilfe des Paradigmas, das die Kinder unglücklich gemacht hat, zu helfen versuchen und dass sie auf diese Weise niemals Erfolg haben werden. Kein Wunder also, dass die Pharmaindustrie einen großen Reibach macht.

Es gibt allerdings einen entscheidenden und üblen Unterschied zwischen der Art, wie wir Erwachsenen, und der Art, wie wir Kindern zu helfen versuchen. Alle modernen Psychotherapien (abgesehen von den behavioristisch orientierten Modellen) und auch die körperbezogenen Therapien versuchen, ihren erwachsenen Klienten auf eine Art und Weise zu helfen, die diesen ermöglicht, in Kontakt mit sich selbst, ihrer Geschichte, ihren Emotionen, Werten, Grenzen, Potenzialen und der Art, wie sie Entscheidungen treffen, zu kommen. Sie geben wirklich ihr Bestes, um den Einzelnen zu befreien und dessen Selbstwertgefühl zu verbessern, und sie haben damit oft Erfolg. Sie vertreten die tiefgründigsten Interessen ihrer Klienten.

Wenn nun genau diese Therapeuten oder ihre Kollegen versuchen, Kindern und Jugendlichen zu helfen, geht es oft nur darum, deren Verhalten und deren Anpassung an eine unzulängliche pädagogische Einrichtung oder Familie von Symptomen zu befreien. Der Erfolg der Behandlung wird an der Beseitigung des konkreten Symptoms gemessen. Unprofessioneller kann man gar nicht arbeiten! Wann haben Sie zuletzt einen Therapeuten gesehen, der ein Kind an der Hand nahm und dessen Kindergarten oder Schule mit dem Vorschlag konfrontierte, ihre Methoden zu ändern, damit das Kind gedeihen und sich zu einem starken und gesunden Menschen entwickeln kann? Vermutlich niemals oder vielleicht ein- oder zweimal? Fachkräfte, die mit Kindern und Jugendlichen arbeiten, sind nicht dazu da, die Lebensqualität ihrer Klienten zu verbessern, sondern sie versuchen lediglich, ihre Arbeitgeber und die Institutionen, denen sie dienen, zufriedenzustellen. In den meisten Fällen sehen sie sich selbst nicht so, aber das ist es, was sie wirklich tun. Wenn sie Erwachsene genauso behandeln würden, hätten sie entweder keine Klienten mehr oder sie würden ihren Job verlieren.

Vielleicht ist die Zeit für diese Fachkräfte gekommen, sich ihre Berufsmoral und ihre beruflichen Ziele und Methoden einmal ganz genau anzusehen und dann entweder ihre Richtung zu ändern oder ihren Klienten zumindest die Wahrheit zu sagen. Hinsichtlich ihres Arbeitsplatzes und ihrer Bezahlung wäre das nur in ihrem Sinne, denn es ist nur eine Frage der Zeit, bis die Regierung und die lokalen Politiker merken, dass sie Unmengen an Geld für sehr armselige Ergebnisse ausgeben. Politiker denken und handeln nicht in Qualitätsmaßstäben, was zählt, ist die Quantität. Traurig dabei ist, dass wir für das gleiche Geld viel mehr Qualität abliefern könnten. Das Einzige, was wir ändern müssten, ist unsere eigene Einstellung.

Ich treffe diese Fachkräfte, und sie sind alle wundervolle und engagierte Menschen. Viele von ihnen sind sich der

Lage der Dinge voll bewusst, fühlen sich aber in Systemen gefangen, die den Blick auf berufliche Werte verloren haben, die vollständig von bürokratischen Werten dominiert sind und die besessen sind von dem Gedanken an Kostenreduktion als den scheinbar einzigen Weg zu einer tragbaren Bilanz. Die entsprechenden Politiker könnten ihre Meinung ändern, aber nur, wenn die Fachleute beginnen, ihre berufliche Würde, ihr Wissen, ihre Weisheit und ihre moralische Integrität viel ernster zu nehmen. Das bedeutet, das neue Paradigma »Vom Gehorsam zur Verantwortung« anzunehmen, was zwar Mut erfordert, sich aber letztlich bezahlt macht durch mehr Stolz und Zufriedenheit im Beruf und folglich viel weniger Stress, Sorge und Hilflosigkeit.

Was ist ein starkes Kind?

Wie ich eingangs erwähnte, beschränkt sich das Wort »Kind« nicht auf süße Babys, entzückende Kleinkinder oder sich abquälende Teenager. Es verweist auch, z.B. im Terminus »das innere Kind«, auf den existenziellen Kern in uns allen, der entweder unserem Leben Qualität und Sinn gibt oder uns zu Opfern macht. Ein starkes Kind ist ein gesundes Kind mit einem gesunden Selbstwertgefühl, der Fähigkeit zur Empathie, einem soliden Selbstvertrauen und einer gut entwickelten Reihe psychosozialer Fähigkeiten – ein Mensch, der sich der Liebe würdig fühlt, der selbstbewusst ist, ungezwungen mit anderen umgehen kann und der sich seiner Abhängigkeit von und Verbundenheit mit allen anderen Menschen bewusst ist.

Versuchen Sie, die oben stehende Definition noch ein paarmal zu lesen, und überlegen Sie gut, ob es das ist, was Sie sich für Ihr Kind, Ihre Schüler, Ihre Studenten oder Ihre Patienten wünschen.

Vielleicht ist es nicht das, was Sie wirklich wollen. Vielleicht wünschen Sie sich einen »Gewinner« im eher herkömmlichen Sinne? Jemanden, der zuerst kommt und alle hinter sich lässt, egal was es kostet. Vielleicht wünschen Sie sich eine nette, ruhige und berechenbare Person, die mit der Hintergrundtapete harmoniert – was auch immer *das* kostet? Vielleicht möchten Sie auch nur Harmonie und Frieden und hier und jetzt aufgeben und auf das Beste hoffen?

Denken Sie darüber nach, und denken Sie angestrengt darüber nach, denn Sie haben die Macht, die ersten 14 Jahre Ihres Kindes, das Selbstvertrauen Ihrer Studenten und das Selbstbild Ihres Patienten zu beeinflussen. Überlassen Sie die Verantwortung nicht der Gesellschaft, denn die Gesellschaft ist per Definition verantwortungslos. Sie und ich sind ein Teil dieser Gesellschaft – und zwar der einzige Teil, der Verantwortung tragen kann.

Da die meisten von uns mit einer ansehnlichen Menge an Schuld und Scham erzogen wurden, fällt es uns schwer, uns zu verändern, ohne uns dabei zu fühlen, als hätten wir bisher alles falsch gemacht. Statt mit unserer Vergangenheit zu hadern, versuchen wir besser, nach vorne zu schauen und dabei Anschuldigungen zu vermeiden. Es hilft, wenn wir verstehen, dass wir alle ohne Scham und Schuld geboren wurden und dass Erwachsene, die es auch nicht besser wussten, uns diese selbstzerstörerischen Gefühle aufgezwungen haben. Es kann sein, dass Sie diese Gefühle niemals loswerden, aber sie sind nicht dazu geeignet, Ihr Leben zu beherrschen oder Sie in eine gesunde Richtung zu führen. Nähren Sie diese Gefühle nicht mit Ihrem Gehorsam! Wenn Sie das tun, geben Sie sie auch an Ihre Kinder weiter und nehmen diesen so die Kraft.

Ich möchte es noch mal betonen: Ein starkes und gesundes Kind ist in erster Linie ein Kind mit einem gesunden Selbstwertgefühl und so viel Selbstvertrauen, wie ihm seine Fähigkeiten und seine Begabungen aufzubauen erlauben. Ein gesunder Selbstwert bedeutet, eine nüchterne, differenzierte und annehmende Wahrnehmung desjenigen, der wir sind, zu haben – ein realistisches und nicht wertendes Selbstbild. Und: Ein gesunder Selbstwert ist das effizienteste psychosoziale Immunsystem, das wir kennen. Er schützt vor Drogenmissbrauch, Essstörungen, Ritzen, Selbstmord und Selbstmordabsichten, Kriminalität, Gewalt und all den anderen Dingen, von denen wir uns wünschen, dass unsere Kinder niemals dazu neigen mögen.

Er befähigt das Kind oder den jungen Menschen dazu, Ja und Nein zu sagen – Ja zu sich selbst und seinen persönlichen Grenzen, Werten, Gedanken und Gefühlen und Nein zu denen, die Gehorsam und Unterwerfung verlangen. Die Frage ist, ob wir das auch wollen? Wir wollen es für junge Erwachsene, denn es schützt sie und uns vor einer Menge Schmerz, aber wollen wir das auch für unsere Kinder, wenn sie ein, zwei, vier, sieben und fünfzehn Jahre alt sind? Die allgemeine Haltung und das Verhalten sowohl von Eltern als auch von Lehrern deuten darauf hin, dass die wahre Antwort »Nein« lautet. Das ist bedauerlich, denn ein Selbstwertgefühl, das während der Kindheit nicht wachsen und sich entfalten darf, braucht zu seiner Aufrechterhaltung in den folgenden Jahren des Lebens viel Mühe, die wiederum eine Menge Schmerz mit sich bringt, und das Gefühl, abgetrennt zu sein.

Nicht nur viele Lehrer und Vorschullehrer sind wirklich verunsichert, weil sie im Laufe der letzten zwei Jahrzehnte so vielen »egozentrischen« Kindern begegnet sind. Kindern ohne gesundes Selbstwertgefühl, sondern mit einem aufgeblähten, dominanten Ego – ein Resultat elterlichen Verwöhnens, überflüssigen Lobs und einer Gesellschaft, die dieses Verhalten fördert. Kinder, die geliebt und wertgeschätzt werden, wie sie sind, missachten andere nicht, und sie fühlen sich weder minderwertig noch überlegen.

Ja sagen zum Ich

Es gibt viele Möglichkeiten, wie Erwachsene in Elternhaus und Schule die Entwicklung eines gesunden Selbstwertgefühls unterstützen können. Viele meiner Bücher handeln davon. An dieser Stelle möchte ich mich auf die vielen Erwachsenen konzentrieren, deren Haltung auf dem Mangel an Vertrauen in den Wunsch und die Fähigkeit der Kinder, zu kooperieren und sich anzupassen, zu beruhen scheint. Die historischen Wurzeln dieses fehlenden Vertrauens lassen sich leicht ausgraben: Sie sind in den letzten Jahrhunderten im Zuge der Nachfrage nach gut angepassten, sich unterwerfenden, unterlegenen und gehorsamen Bürgern, Soldaten,

Lehenbesitzern und Arbeitern entstanden und gewuchert. Wenn Kinder Selbstwertgefühl entwickeln dürfen, dann unterwerfen sie sich nicht mehr jenen Regeln oder Gesellschaften, die ihnen die menschliche Würde nehmen. Um dieses Ziel zu erreichen, muss jegliches Zeichen von Individualität und Widerstand aus ihrem Verhalten und auch aus ihren Köpfen entfernt werden.

Heute wissen wir, dass Kinder ein nahezu unvorstellbares Verlangen nach Kooperation in sich tragen, was ein sehr komplexes Phänomen darstellt. Ich möchte ein einfaches Beispiel nennen: Zwei Erwachsene beschließen, ein Kind aus China zu adoptieren. Sie haben die Möglichkeit, ein fast zwei Jahre altes Mädchen zu adoptieren. Bei seiner Ankunft in Dänemark sieht das Mädchen aus wie eine Chinesin, denkt wie eine Chinesin und verhält sich wie eine Chinesin, und all seine Erwartungen entsprechen der chinesischen Kultur. Doch nur zwei bis drei Jahre später macht das Mädchen alles auf Dänisch. Das ist ein Meisterwerk an Anpassung, zu dem kein Erwachsener fähig gewesen wäre, selbst wenn er dafür ein Leben lang Zeit gehabt hätte. Unser derzeitiges fehlendes Vertrauen in Kinder hat seine besonderen historischen Wurzeln, aber es hat nichts damit zu tun, wie Kinder geboren werden.

Der Selbstwert und der Wert jedes Einzelnen kamen nach dem Zweiten Weltkrieg auf unsere Tagesordnung. Wir haben also erst seit einem halben Jahrhundert Zeit, es zu entwickeln, wohingegen das Fehlen von Vertrauen und das aufgezwungene Konzept des Gehorsams jahrhundertelang existierten. Sie fragen sich vielleicht, was am Gehorsam falsch sein soll? Die Antwort darauf ist zweigeteilt, denn die Fähigkeit, sich anzupassen und gehorsam zu sein, ist sowohl notwendig als auch gut für uns alle. Sie ermöglicht die Entwicklung von Selbstdisziplin und Hingabe. Andererseits macht Gehorsam es schwierig oder sogar unmöglich, sich als Individuum zu entwickeln. Die optimale Voraussetzung für Leben und Lebensqualität ist, dass wir uns frei entscheiden können, wann und wem wir gehorchen wollen und wann es notwendig ist, unsere persönliche Integrität zu schützen und Verantwortung zu übernehmen. Die Fähigkeit, zu wählen, bewahrt Menschen vor der Unterdrückung.

Von Kindern und Jugendlichen prinzipiell Gehorsam zu verlangen hält sie ganz einfach davon ab, ein gesundes Selbstwertgefühl zu entwickeln, und das macht sie verletzlich und krank. Das Gleiche gilt für das fehlende Vertrauen, das die Art und Weise, wie viele Eltern ihre Kinder aufziehen, begleitet. Hören wir auf, Führung mit dem Ruf nach Anpassung gleichzusetzen oder unsere Kinder gar durch schulische oder therapeutische Maßnahmen zu gehorsamem oder angepasstem Verhalten zu zwingen! Die beste Form der Kindererziehung ist der fortwährende Dialog, in dem sich beide Seiten besser kennenlernen und in dem sich Kinder die Erfahrungen und die Weisheit ihrer Eltern freiwillig zunutze machen können. Das hat nichts zu tun mit einer romantischen kinderfreundlichen Auffassung oder einer lieblichen humanistischen Ideologie. Es ist eine Einladung, die auf eindeutigen Beweisen und Erfahrungen beruht. Die entscheidende Frage könnte sein, ob wir, um unsere Kinder vor Verletzungen zu schützen, gewillt und mutig genug sind, selbst verletzlich zu sein.

Eltern fragen Jesper Juul

Thema: Kann ich mein Kind erst fragen, was es will, und dann etwas anderes entscheiden?

Mutter: Ich habe eine Frage zu Ihrem Beispiel, wenn ich das Kind frage, ob es Schwarz oder Weiß möchte, und das Kind antwortet »Schwarz«. Sie sagen, dass ich dann nicht unbedingt dem Wunsch nachgeben muss. Jetzt habe ich mir überlegt, wie das bei mir aussehen könnte, wenn ich zum Beispiel meinen kleinen Sohn frage: »Möchtest du dein Fahrrad mit in den Wald nehmen, oder möchtest du zu Fuß gehen?« Und er sagt mir: »Ich möchte mit dem Fahrrad fahren.« Und ich sage: »Ach nee, ich habe mir gedacht, wir gehen lieber zu Fuß …«

Jesper Juul: Ja, aber da muss ich sofort etwas sagen, denn diese Formulierung »Ich habe mir gedacht, wir gehen zu Fuß« ist ja reine Manipulation. Aber darum geht es nicht, glaube ich. In der Situation, die Sie beschreiben, gibt es eine Wahl, die sehr realistisch ist: Das sind die zwei Möglichkeiten. Und ich glaube, es ist vollkommen in Ordnung, wenn Eltern die Möglichkeiten sozusagen begrenzen und sagen: »Diese Möglichkeiten geben wir dir, was willst du?« Aber es kommt ja auch zu Situationen, vor allem mit älteren Kindern, in denen man sagen muss: »Okay, das habe ich jetzt verstanden, das willst du. Da muss ich dir aber sagen, das kann ich nicht mitmachen. Das ist für mich zu schwierig«, oder: »Das geht über meine Grenzen oder Möglichkeiten«, oder was weiß ich. Ich sage nur, dass es – als ein grundsätzliches Prinzip innerhalb von Familien – für Erwachsene und für Kinder immer möglich sein sollte, zu sagen, was man will oder was man gern hätte. Und natürlich muss man langsam lernen, dass das nicht heißt, dass man das alles auch bekommt. Deswegen denke ich, dass es wichtig ist, dass man sich als Eltern nicht verpflichtet fühlt, Ja zu sagen, nur weil es eine Möglichkeit gab.

Es ist sehr schwierig. Ich rede ja hier über einige Jahrgänge von Eltern, für die das sehr symbolisch ist, wenn sie ihre Kinder immer fragen: »Was möchtest du, worauf hast du Lust?«, und so weiter. Das hat für die Eltern mit Freiheit zu tun, das hat mit Demokratie zu tun, und das hat mit Liebe zu tun. Es geht also nicht nur um schwarz oder weiß, sondern es kann eine intellektuelle Haltung sein. Aber oft ist das auch eine Ängstlichkeit oder die Angst, Nein zu sagen oder die Möglichkeiten zu begrenzen.

Meine Lieblingsgeschichte handelt von einem etwa zweijährigen Mädchen mit zwei sehr ernsthaften, sehr engagierten und sehr intelligenten Eltern. Die Eltern sind zu mir gekommen, und der Vater hat gesagt: »Ich weiß nicht genau, wie ich unser Problem formulieren soll, aber ich kann dir vielleicht eine Frage stellen: Was glaubst du, wie viele Frühstücksprodukte wir zu Hause haben?« Ich habe gesagt: »Fünfzehn.« Er hat erwidert: »Nein, sechsunddreißig!« Dann habe ich gefragt: »Und warum ist das ein Problem?« Das ist ja nicht notwendigerweise ein Problem. Dann hat die Mutter gesagt: »Ja, das kann ich dir erklären, es geht nämlich jeden Morgen so wie heute Morgen: Wir Erwachsenen sitzen zusammen und unterhalten uns und genießen unseren Kaffee, und dann kommt unsere Tochter und steht in der Tür und wir sagen: ›Hallo, Schätzchen, hast du gut geschlafen?‹, und so weiter und dann: ›Was möchtest du gern zum Frühstück?‹« Und dann sagt die Tochter: »Ich will Joghurt.« Und die Mutter denkt: »Gott sei Dank, ich glaube, wir haben Joghurt.« Und sie geht zum Kühlschrank, und da steht ganz richtig ein Joghurt mit Erdbeeren. »Ja, wir haben Joghurt mit Erdbeeren, du liebst doch Erdbeeren!« Doch die Kleine sagt: »Ich will Waldbeeren.« Und dann versucht die Mutter ein paarmal, der Tochter diesen Erdbeerjoghurt schmackhaft zu machen, aber das klappt nicht. Daraufhin fängt die Mutter an, dem Vater so Blicke zuzuwerfen, und der weiß genau, was das bedeutet. Das bedeutet, er muss sich jetzt anziehen und zur Tankstelle fahren und gucken, ob es da einen Joghurt mit Waldbeeren gibt.

Man kann sich natürlich lustig machen über diese Eltern und sagen: »So schwierig ist es ja nun auch nicht.« Aber dann versteht man nicht, wie ernst das für diese Eltern ist. Wenn sie ihre Tochter fragen: »Wozu hast du Lust?«, sagen sie damit: »Ich liebe dich.« Und wenn sie zu ihrer Tochter sagen: »Ich gebe dir das, worauf du Lust hast, nicht«, sagen sie damit: »Ich liebe dich nicht mehr.« Und dann wird es natürlich ernst. Es geht nicht nur um Joghurt mit oder ohne Waldbeeren.

Ich möchte Eltern gern die Freiheit geben, sich für ihre Kinder zu interessieren und sie zu fragen: »Was möchtest du gern?« Mein Enkel hat einmal in seinem Leben Cola getrunken, und letzte Woche beim Essen habe ich ihn gefragt: »Was willst du gern trinken?« Und er sagt: »Cola.« Ich sage: »Habe ich nicht.« Er sagt: »Ich will aber Cola.« Und dann sage ich: »Ja, das höre ich, aber die habe ich nicht.« Und dann ist er ruhig, und dann sagt er: »Okay, Wasser.« Seine Eltern haben diesen Fehler nämlich nicht gemacht, dass er immer das bekommt, was er will. Und es geht hier nicht nur um Kinder, mit Erwachsenen ist es genauso.

Warum brauchen Kinder Führung? Sie brauchen Führung, weil sie zwar kompetent sind, aber keine Erfahrung haben. Also brauchen sie die Erfahrung von Erwachsenen. Ist diese Erfahrung manipulativ? Ja, das muss sie sein. Und Gott sei Dank gibt es ein Leben nach der Kindheit, man kann das also korrigieren. Wir reden viel darüber, was unsere Bedürfnisse und Wünsche sind, was wir wollen und brauchen, doch Tatsache ist, dass wir – existenziell gesprochen – nicht wissen, was wir brauchen. Und wenn wir bekommen, was wir brauchen, wollen wir es oft nicht. Ich denke, das kennt jeder, wenn man zurückblickt und schaut, was eigentlich das Leben bereichert hat, waren das oft Ergebnisse und Beziehungen und so weiter, die wir uns eigentlich nie gewünscht haben.

Ich glaube, es ist entscheidend für Kinder, zu lernen, was wichtig ist: als Mensch zu wissen, was man braucht und was man will – statt nur zu wissen, worauf man Lust hat. Lust ist okay, wenn es um Süßigkeiten geht oder im Schlafzimmer. Aber abgesehen davon geht es darum, was man will. Wenn man Kinder fragt: »Was willst du?«, sagen sie: »Ich habe Lust, zu …« Und dann sagen wir: »Okay, jetzt wissen wir, wozu du Lust hast. Jetzt frage ich noch mal: Was willst du?« Und dann lernen sie langsam, dass es da einen Unterschied gibt. Wenn man diesen Unterschied nicht innerhalb der ersten sieben bis neun Lebensjahre lernt, wird es später sehr schwierig mit Schule, Ausbildung und so weiter. Denn dort müssen wir Ziele formulieren. Und um unsere Ziele zu erreichen oder unsere Träume zu verwirklichen, müssen wir oft Dinge tun, zu denen wir eigentlich keine Lust haben – wir müssen sie einfach machen.

Für mich ist diese Frage – wenn ich mein Kind frage, aber auch selbst einen Standpunkt habe – sehr komplex.

12

Fallgruben für Leitwölfe

Im Folgenden werde ich ein paar gängige Erziehungsstile skizzieren, die aufgrund ihrer langfristigen Auswirkungen auf Eltern, Kinder und die ganze Familie erfahrungsgemäß nicht wirklich empfehlenswert sind und die einem gesunden Führungsstil entgegenstehen. Ich werde auf keine der vielen »Methoden«, die in den letzten zwanzig Jahren erfunden wurden, eingehen. Dafür gibt es zwei Gründe: Zum einen bin ich der festen Überzeugung, dass wir zu den Menschen, die wir lieben, nicht über irgendeine Methode in Beziehung treten sollten. Zum anderen stellen Methoden eine Entmenschlichung persönlicher Beziehungen dar, die oft tief gehende negative Folgen für die Beziehungsqualität zwischen Eltern und Kindern hat. Selbst so sympathische Methoden wie das Attachment Parenting (auch bindungsorientierte Elternschaft genannt) haben die Tendenz, mehr Nachteile als Vorteile mit sich zu bringen, wenn man sie anwendet. Sie konzentrieren sich auf ein paar wichtige Phänomene und lassen die Persönlichkeit von Eltern und Kindern fast vollkommen außer Acht. Über die Anwendung von Methoden lassen sich zwei wichtige Dinge sagen: Erstens, wie es eine alte Redensart aus der Welt der Psychotherapie auf den Punkt bringt: »Wenn du einen Hammer hast, fangen alle Probleme an, wie Nägel auszusehen.« Zweitens hängt das Ergebnis jeder Methode – therapeutisch, pädagogisch oder in Bezug auf Elternschaft – zu etwa zwanzig Prozent von der Methode ab und zu achtzig Prozent von dem Menschen, der sie anwendet.

Deshalb ist es wesentlich klüger, so viel wie möglich über sich selbst und über das eigene Kind herauszufinden und seinen inneren Vater und seine innere Mutter zu entdecken, als irgendeinem fremden Drehbuch zu folgen.[13] Und keine Sorge – Ihrem Kind ist es egal, wenn Sie dafür fünfzehn Jahre brauchen, solange es nur spürt, dass Sie sich ernsthaft um Authentizität bemühen.

Es gibt viele Belege dafür, dass Authentizität in nahen persönlichen Beziehungen zu einem Schlüsselbegriff wird und dass es einen engen Zusammenhang zwischen Authentizität und Führung gibt. Es sind zu viele, um sie an dieser Stelle zu erläutern, doch entscheidend ist, dass diese Entwicklung eine vollkommen neue Denkweise einleitet – man könnte sagen, einen vollkommen neuen Wert, obwohl der Authentizität in Kunst, Musik, Theater, Film und Ähnlichem schon seit Jahrhunderten eine hohe Bedeutung beigemessen wird. Authentisch zu sein bedeutet ganz einfach, in der Lage zu sein, anderen durch die Art und Weise, wie man spricht und sich verhält, mitzuteilen, wer man ist – im Gegensatz zu dem Agieren in einer Rolle, die andere Menschen von Ihnen erwarten oder vielleicht sogar fordern. So etwas nennt man eine existenzielle Entscheidung, und es steht jedem von uns frei, diese Entscheidung zu treffen oder sie zu vermeiden – solange wir uns nicht mitten in einer Existenzkrise befinden. Und selbst dann können wir chemische Problemlösungen wählen und hoffen, dass alles wieder so wird, wie es war.

Mit diesem Wissen vor Augen war es interessant, zu beobachten, wie sich Elternschaft in den letzten zwanzig Jahren entwickelt hat. Vor allem die gebildeten Eltern aus der Mittelschicht und der oberen Mittelschicht haben wieder damit begonnen, Rollen zu spielen. Theoretisch hätten sie sich dafür entscheiden können, ihre Unsicherheit zu überwinden und damit einen ersten Schritt hin zu echter Führungskraft zu wagen, indem sie in sich gehen und dort festen Halt finden. Doch der Großteil hat Zuflucht dazu genommen, die Rolle von Mutter oder Vater zu spielen. Diese Tendenz hat zu einem Defizit in Bezug auf die Bedürfnisse der Kinder geführt. Kinder haben heute viel mehr Freiheit, sich das zu holen, was sie wirklich brauchen, als noch eine Generation zuvor, und sie haben keine Angst mehr, das zu tun. Je mehr die Erwachsenen also versuchen, ihre Rollen zu perfektionieren, desto verzweifelter werden ihre Kinder und umso mehr versuchen sie, herauszufinden, wer ihre Mamas und Papas wirklich sind – hinter der Bühne! Die Erwachsenen nennen das noch immer »Grenzen austesten«, und diese Beschreibung ist heute genauso irreführend wie schon vor fünfzig Jahren. Der Unterschied besteht darin, dass Eltern damals ganz offen nach Macht gegriffen haben und dass sie kein Problem damit hatten, dabei streng und grausam zu sein. Heutige Eltern sind ganz erstaunt, denn sie versuchen doch die ganze Zeit, so nett und vernünftig zu sein, und sie können gar nicht verstehen, dass ihre Kinder irgendwann genug von der Schauspielerei haben und dem, was die Eltern sagen, keine Beachtung mehr schenken. In Wirklichkeit tun sie das natürlich doch. Trotz der schönen und liebevollen Absichten, die hinter der Schauspielerei stecken, kann sie weder die Wärme und Nähe bieten, nach der es Kindern verlangt, damit sie gedeihen können, noch ermöglicht sie die Führungsstärke, die Kinder von ihren Eltern brauchen. Es ist, als gebe man seinen Kindern die Speisekarte anstelle des Essens.

Diese Art von – beidseitiger – Frustration könnte für Eltern ein ausgezeichneter Anreiz sein, authentischer und lebendiger und damit zu einer erfreulicheren Gesellschaft und zu kompetenten Führungspersonen zu werden. Die Leitwölfin, der Leitwolf bemühen sich um eine sozial freundliche Stimmung in der Familie: eine anspruchsvolle Aufgabe, die Authentizität statt pure Nettigkeit erfordert.

Nun komme ich zu den fünf Fallgruben, die das Zusammenleben heutiger Familien erschweren und die es gilt, auf dem Weg zu einer liebevollen Führung zu überspringen.

Der neuromantische Stil: Harmonie über alles

Eltern, die den neuromantischen Stil pflegen, tun das aus einer Menge guter und berechtigter Gründe heraus:

- Sie wollen, dass ihre Kinder sich wertgeschätzt und geliebt fühlen.

- Sie wollen ihren Kindern so viel Aufmerksamkeit wie möglich schenken.
- Sie glauben an Harmonie als den ultimativen Ausdruck von Liebe und neigen deshalb dazu, Konflikte zu vermeiden und abzulehnen.
- Sie möchten diese Welt zu einem besseren Ort machen.

Doch birgt dieses Verhalten auch eine Menge möglicher Probleme:

- Ihr Verhalten ist oft sehr lieb und dabei auf der Gefühlsebene flach. Das frustriert ihre Kinder, weil sie nicht lernen, wie sie mit der Gesamtheit ihrer Gefühle umgehen sollen. Am Ende frustriert es auch die Eltern, weil sie ebenfalls mit Gefühlen dastehen, mit denen sie nicht umgehen können.
- Gefühle werden tendenziell in positive und in negative unterteilt, was aufseiten der Eltern zu einer Menge Selbstkritik führt. Bei den Kindern führt es zu Verwirrung darüber, wer ihre Eltern hinter der gut gemeinten Schauspielerei wirklich sind.
- Wenn nur eine begrenzte Auswahl von Gefühlen erlaubt ist, wird es für alle Beteiligten schwierig, ein gesundes Selbstwertgefühl zu entwickeln, und für die Kinder, Empathie zu lernen.
- Kinder, die in ihrer Familie ständig im Mittelpunkt der Aufmerksamkeit stehen, werden oft einsam. Gleichzeitig sind sie frustriert, weil sie nicht wissen, ob sie der eigenen Einsamkeit oder der Liebe in den Gesichtern und in den Stimmen ihrer Eltern Glauben schenken sollen.

Viele dieser Eltern werden dazu inspiriert oder gezwungen, einen differenzierteren Erziehungsstil zu entwickeln, weil ihre Kinder irgendwann im Alter zwischen drei und sieben Jahren beginnen, sich »schlecht zu benehmen« oder auf andere Arten zu zeigen, dass sie sich nicht wohlfühlen.

Curling-Elternschaft: Bahn frei für kleine Prinzen und Prinzessinnen

Diese scherzhafte Bezeichnung wurde von der Sportart Curling inspiriert, die dem Boule-Spiel ähnelt, jedoch auf dem Eis und mit großen, schweren Steinen anstelle von Eisenkugeln gespielt wird. Damit der Stein die gewünschte Schnelligkeit und Richtung beibehält, rennen zwei Spieler mit ihm mit und wischen alle Hindernisse weg, die ihn auf seinem Weg zum Ziel verlangsamen oder von der Richtung abbringen könnten. In dieser Metapher ist das Kind der Stein, und die Eltern wischen vor ihm den Weg frei.

Man kann Curling-Eltern in drei Gruppen unterteilen, und jede dieser Gruppen wird von anderen Überzeugungen oder Erfahrungen angetrieben. Die eine Gruppe glaubt aufrichtig daran, dass es wünschenswert und möglich ist, aus der eigenen Familie eine Wolke aus Harmonie und positiver Energie zu machen – ohne irgendwelche Verbindung zur Welt – und so den Kindern den bestmöglichen Start ins Leben zu bereiten. Familie als Fortsetzung des Mutterleibes könnte man das nennen. Die Eltern der zweiten Gruppe sind dadurch motiviert, dass sie in Familien aufgewachsen sind, in denen häusliche Gewalt, dauerndes Rumbrüllen und ungelöste Konflikte an der Tagesordnung waren, und sie wollen einfach nicht, dass die eigene Familie auch nur ansatzweise so wird. Sie wollen, dass ihre Kinder sich geliebt und geborgen fühlen, statt Angst, Schmerz und Einsamkeit zu erleben. Die dritte Gruppe ähnelt der zweiten insofern, dass die Eltern meist aus Familien kommen, in denen eine Menge versteckte und unausgesprochene Konflikte für eine bedrückende und freudlose Atmosphäre gesorgt haben.

All diese Eltern haben gemeinsam, dass sie in Familien aufgewachsen sind, in denen sie nicht lernen konnten, mit zwischenmenschlichen Konflikten auf sinnvolle und konstruktive Art und Weise umzugehen. Folglich haben sie sich dafür entschieden, Konflikten aus dem Weg zu gehen und selbst keine zu verursachen.

- Sie geben sich große Mühe, Konflikte, Traurigkeit, Schmerz, Frustration und Aggression zu vermeiden.
- Sie glauben, dass Konflikte mit dem Kind zu haben gleichbedeutend damit ist, schlechte beziehungsweise unzulängliche Eltern zu sein.
- Sie stellen ihr Kind in den Mittelpunkt ihrer Aufmerksamkeit. Sie glauben, dass sie tun müssen, wonach das Kind sich »fühlt«, und dass sie ihm geben müssen, was es will. Alles andere ist für sie Vernachlässigung.
- Um all das tun zu können, müssen sie sich voll und ganz dem Dienst an ihren Kindern verschreiben und ihre eigenen Bedürfnisse, Wünsche und Grenzen verdrängen.

Auch das *Verhalten* von Curling-Eltern kann eine Menge Probleme mit sich bringen:

- Dadurch, dass sie permanent ihren Kindern dienen und die eigenen Bedürfnisse vernachlässigen, werden sie als Menschen unsichtbar. Auf diese Weise berauben sie nicht nur sich selbst des Lebens, sondern sie sprechen auch ihren Kindern deren existenzielles Bedürfnis ab, etwas über andere Menschen zu lernen – über deren Reaktionen, Bedürfnisse, Werte und Grenzen.
- Wenn ihre Tochter etwa zwei bis zweieinhalb Jahre alt ist, wird sie sich benehmen wie eine Prinzessin – schließlich wurde sie schon immer wie eine Prinzessin behandelt. Ihr Bedürfnis nach Aufmerksamkeit wird monströse Ausmaße annehmen, und sie wird anderen Kindern und Erwachsenen ohne Empathie begegnen. In dem Versuch, die echte Nähe zu bekommen, die sie gebraucht hat und die ihr verwehrt wurde, wird sie zur Tyrannin werden, die pausenlos darum kämpft, das zu bekommen, was sie will.
- Irgendwann wird den Eltern die Energie ausgehen, und sie werden ernsthaft leiden, weil sie mit der Tatsache konfrontiert sind, dass ihre drastischen Bemühungen, ihrem Kind die »perfekte« Kindheit zu geben, gescheitert sind.

Das Verhalten dieser Kinder – sowohl innerhalb als auch außerhalb der Familie – wird so unerträglich und provozierend, dass jeder aus dem Umfeld der Familie dazu tendiert, »Grenzen setzen« als Mittel der Wahl vorzuschlagen. Das ist verständlich, aber zu einfach, und es fügt der Verletzung des Kindes noch die Beleidigung hinzu. Und es ist, ich sagte es schon, auf keinen Fall mit Führung zu verwechseln. Was die Eltern tun müssen, ist, ihre Elternrolle neu zu überdenken und mit dem Träumen aufzuhören! Wer sein Kind so aufgezogen hat, bekommt irgendwann einen der lautesten und heftigsten Weckrufe, die es für Eltern gibt, zu hören, und das ist die ultimative Motivation, herauszufinden, wer man wirklich ist unter der Maske, unter der man sich versteckt hat.

Der Weg des geringsten Widerstands

Die Eltern, die bei diesem Erziehungsstil landen, kommen aus allen sozialen Gruppen der Gesellschaft. Diese Eltern nehmen sich kaum Zeit, darüber nachzudenken, wie sie ihre Kinder aufziehen wollen, beziehungsweise es gehört einfach nicht zu ihrem Wesen, in Ruhe über etwas nachzudenken. In Bezug auf ihr eigenes Leben können sie sich erfolgreich oder auch unglücklich fühlen, und sie neigen dazu, die eigenen Eltern nachzuahmen und die gleichen Ziele wie diese zu haben.

- Meist fügen sie sich den mehr oder weniger willkürlichen Wünschen und Gelüsten ihres Kindes. Sie werden zwar versuchen, Nein zu sagen, doch dann finden sie, dass sie auf den Konflikt auch gut verzichten können.
- Sie sind inkonsequent in dem Sinne, dass sie ihr Verhalten nicht von konkreten Werten leiten lassen.
- Sie sind voll und ganz mit ihrem eigenen Leben beschäftigt, ob das nun aus Jachten und Pferden besteht oder aus Armut, häuslicher Gewalt und Depressionen.

Der Weg des geringsten Widerstands kann zu folgenden Problemen führt:

- Die Kinder fühlen sich zerrissen: Auf der einen Seite bekommen sie alles, was sie wollen, auf der anderen Seite erhalten sie nur ein Minimum von dem, was sie brauchen. Oft haben sie ein schlecht ausgeprägtes Selbstwertgefühl und ein ziemlich aufgeblasenes Ego.
- Die Kinder haben Probleme mit persönlicher Verantwortung, und sie werden entweder spät oder viel zu früh erwachsen.
- Als Teenager entwickeln sie oft selbstzerstörerische Verhaltensweisen.

Überwachung total

»Helikopter-Mütter« (oder auch »Chopper-Mums«) wurde in Amerika zum Spitznamen für Mütter, die ihre Kinder permanent und gnadenlos überwachen und die auch deren Umgebung einschließlich der Beziehungen zu anderen Menschen andauernd kontrollieren. Inzwischen ist dieser Stil auch in Europa angekommen, und man findet tatsächlich öffentliche Spielplätze, auf denen kein Kind mehr mit einem anderen spielt – stattdessen spielen alle ausschließlich mit ihren Müttern oder ihren Kindermädchen.

- Diese Mütter (und die Väter, die bei diesem Stil mitmachen) haben die besten Absichten, ihr Kind vor allem zu beschützen, was es verletzen oder traurig und unglücklich machen könnte.

- Sie sorgen gewissenhaft dafür, dass ihre Kinder keine zufälligen Freundschaften mit anderen Kindern schließen. Sie bevorzugen organisierte Spieltreffs mit »passenden« Kindern, deren Eltern den eigenen sozialen und moralischen Maßstäben genügen.
- Meist sind sie besessen von dem Gedanken an mögliche Gefahren, und sie werden alles tun, damit ihre Kinder diesen nie ausgesetzt sind.

Mögliche Probleme sind:

- Die Kinder müssen die Ängste und das Kontrollbedürfnis ihrer Eltern bedienen. So haben sie keine Möglichkeit, sich die Lebenskompetenz und die soziale Kompetenz anzueignen, die sie benötigen. Die Kinder entwickeln, was man »erlernte Hilflosigkeit« nennt, und sie haben Schwierigkeiten, erwachsen und unabhängig zu werden.
- Die Kinder, die rebellieren, werden zum Kinderarzt der Familie gebracht. Dort bekommen sie meist eine Diagnose verpasst, die den Erziehungsstil der Eltern nicht infrage stellt, und man bringt sie mithilfe von Medikamenten dazu, zu gehorchen.
- In diesen Familien verbirgt sich Vernachlässigung unter den Deckmänteln »Fürsorge«, »Liebe« und »elterliche Verantwortung«, und diese klassische »Doppelbindung« führt bei Kindern häufig zu ernsthaften mentalen und psychischen Problemen.

Helikopter-Mütter haben ein wasserdichtes Alibi. Die Welt und besonders das Leben in den großen Städten sind sehr viel gefährlicher geworden, und das stellt Eltern vor eine wichtige Entscheidung: Werde ich versuchen, mein Kind gegen alles Übel dieser Welt zu beschützen, oder werde ich ihm beibringen, in der Realität zurechtzukommen? Es besteht kein Zweifel, dass die zweite Option die weisere Entscheidung ist, wenn es um die Lebensqualität des Kindes geht – sowohl während der Kindheit als auch im Erwachsenenalter –, auch wenn die erste vielleicht die kurzfristigen Bedürfnisse der Eltern und deren Wunsch, sich nie etwas vorwerfen zu müssen, besser erfüllt.

Diese Überlegung ist für alle Eltern wichtig, denn statistisch gesehen geschehen nur etwa dreißig Prozent dessen, was wir als Eltern sagen und tun, in der Absicht, dem Kindeswohl zu dienen. Die restlichen siebzig Prozent bedienen unser Image, unser Ego und unser Selbstbild. Das ist an und für sich in Ordnung, aber es wird zum Glücksspiel, wenn wir uns nicht wenigstens ansatzweise dieses Unterschiedes bewusst sind und wenn unsere Kinder dann nicht so reagieren, als wäre alles, was wir ihnen zu geben versuchen, aus purem Gold. Wussten Sie, dass Kinder in allen Kulturen etwa fünfundsechzig Prozent der Zeit ungehorsam sind? Das sind die Momente, in denen Ihre Kinder entweder Ihre Verlässlichkeit und Weisheit testen oder es einfach besser wissen als Sie. Wenn sie Ihnen vertrauen, stellen sie sich Ihnen offen entgegen, und wenn nicht, tun sie es hinter Ihrem Rücken. Denken Sie daran, Ihren Kindern hin und wieder für beides zu danken! Es kann passieren, dass Ihr Sohn oder Ihre Tochter Ihr Image beschädigt oder Ihr Ego verletzt, aber sie machen Ihnen ein Geschenk, ohne das sie nicht in der Lage wären, ihre Integrität unversehrt zu bewahren – und Sie als Eltern wären nicht in der Lage, das zu lernen, was Sie lernen müssen.

Mein Kind als Projekt!

Es gibt eine ganze Menge Eltern, die relativ starke und auch starre Vorstellungen in Bezug auf das Leben und die Zukunft ihrer Kinder haben, und sie strengen sich sehr an, diese durchzusetzen. Dieses Verhalten ist nicht mit Führungsstärke zu verwechseln, denn souveräne Führungskräfte reagieren aus der Interaktion mit ihren Kindern heraus und aus den Fragen »Was willst du und was will ich und wie kommen wir zusammen?«. Manchmal wollen diese Eltern »nur«, dass ihre Kinder glücklich sind, und manchmal wollen sie, dass sie weltbekannte Musiker, Sportler, Physiker, Anwälte, Models und so weiter werden.

- Oft widmen sie einen Großteil ihrer Zeit und ihrer Energie ihrem Projekt, sie verbringen viel Zeit mit ihren Kindern und kontrollieren jedes Detail ihres Lebens.
- Meist versuchen sie, ihre Kinder dazu zu bringen, die eigenen aufgegebenen Träume zu verwirklichen.
- Sie neigen dazu, in Gedanken schon in der Zukunft zu sein und dem Hier und Jetzt weniger Beachtung zu schenken.

Sein Kind zum Projektkind zu machen kann folgende Probleme nach sich ziehen:

- Die Eltern legen die Identität des Kindes fest, und wenn das Kind kooperiert und sich dem anpasst, wird es an irgendeinem Punkt seines Lebens eine schwere Existenzkrise durchmachen.
- Diese Krise kann zu einem vollständigen Abbruch der Beziehung zwischen Kind und Eltern führen.
- Das Projekt von jemand anderem zu sein reduziert das Kind auf ein Objekt, was zu einer suboptimalen Beziehung führt.

Die meisten Eltern haben Träume und gute Wünsche für ihre Kinder, und das ist gar kein Problem. Es wird erst dann zum Problem, wenn Eltern den sehr schmalen Grat zwischen Traum und Projekt überqueren. Die meisten Kinder – vor allem Erstgeborene und Einzelkinder – werden bei dem Projekt und dem Management ihrer Eltern freudig mitmachen, weil sie die intensiv miteinander verbrachten Zeiten mit Üben, Wettkämpfen und Vorsingen genießen. Das bedeutet für Sie als Vater oder Mutter, dass Sie sich dafür entscheiden können, meine Warnungen zu ignorieren und Ihre Mission mit einem reinen Gewissen weiterzuverfolgen, oder dafür, ein wenig in sich zu gehen und Ihre wahren Motive zu entdecken. Leider können Sie nicht auf das positive und bestätigende Feedback Ihres Kindes bauen, denn dieses kooperiert einfach nur. Erst wenn Ihr Kind sich weigert mitzumachen, können Sie sich auf seine Offenheit verlassen.

13

Führung light: Teenagerzeit und das Kind als Erwachsener

Eine der tiefgreifendsten Veränderungen, die sich in den letzten circa dreißig Jahren im Leben von Familien beobachten lässt, ist, dass es heute viel mehr vernünftige und sinnvolle Gespräche zwischen Eltern und ihren Kindern im Teenageralter gibt als vielleicht je zuvor. Im Großteil der Familien, denen ich als Familientherapeut begegne, sprechen die Jugendlichen ganz frei, und dabei schauen sie ihren Eltern in die Augen. Wenn man das mit der Zeit vor gerade einmal zwanzig Jahren vergleicht, als sie noch auf den Teppich starrten und »Ich weiß nicht« murmelten, wenn sie etwas gefragt oder mit etwas konfrontiert wurden, ist das eine dramatische Veränderung. In Hinsicht auf die mentale Gesundheit und das Wohl der gesamten Familie stellt das eine eindeutige Verbesserung dar, die nur durch aufmerksame, rücksichtsvolle und gewaltlose Eltern möglich gemacht wurde.

Es gibt jedoch so viele Mythen, die sich um die Pubertät ranken, so viele Warnungen von Experten und so viele neue Gefahren, dass manche Eltern dazu neigen, panisch zu werden und eine Art Elternschaft mit Turboantrieb zu starten – in der Hoffnung, doch noch Perfektion zu erreichen. Das ist ein Grund, und ein weiterer ist, dass sie im Leben ihrer Kinder nach wie vor Ansprechpartner und jemand mit Verantwortung sein wollen. Also versuchen sie, ihre Rolle als die Klügeren noch ein bisschen länger zu behalten – nur noch ein paar Jahre. Wenn das passiert, wird oft ein großer Teil der Mythologie zur Wirklichkeit, und die Familie erlebt Machtkämpfe, gebrochene Regeln und Vereinbarungen, widerspenstiges, geschmackloses und riskantes Verhalten sowie Entfremdung.

Die hauptsächliche Ursache dieses Phänomens ist, dass Kinder bis zur Pubertät darauf angewiesen sind, dass ihre Eltern Leitwölfe sind, die ihnen Anleitung und Lebenserfahrung bieten – und zwar an vorderster Front, dort, wo alles passiert. Wie bereits beschrieben, brauchen Kinder Eltern mit Überblick, Erfahrung und der Fähigkeit, in möglichen Konsequenzen zu denken – Eigenschaften, die diese idealerweise besitzen. Sie brauchen Eltern, die Entscheidungen auf der Grundlage von »was für dich das Beste ist, meine liebe Tochter« treffen. Von dem Augenblick an, in dem im Leben des Kindes die dramatische psychosexuelle Veränderung namens Pubertät eintritt, wird das vollkommen anders. Das Kind beginnt, seine eigene Identität und sowohl die Werte der Eltern als auch die eigenen zu hinterfragen, und es durchlebt oft einige Jahre, in denen es keine deutliche Vorstellung davon hat, wer es »wirklich« ist. Das kann ein stiller, innerlicher Prozess sein oder eine richtiggehende Krise – was auch immer es ist, jetzt ist es für die Eltern an der Zeit, zu begreifen, dass sie vielleicht wussten, wer ihr Kind gestern war, aber nicht, wer es jetzt, heute oder morgen ist. Diese Tatsache macht die Aussage »Ich kenne dich, deshalb weiß ich, was für dich am besten ist« so unglaubwürdig und provokativ.

Als Teenager braucht Ihr Kind von Ihnen zwei Dinge: Vertrauen, Vertrauen und noch mehr Vertrauen und dann, dass Sie als Eltern eine neue Rolle für sich finden. Für Ihre Kinder ist es jetzt wichtig – genau wie für Sie –, dass Sie sich von der vordersten Front in deren Leben zurückziehen, doch als Sicherheitsnetz für den Notfall verfügbar sind. Sie sollten Ihre emotionale Präsenz, Ihr Engagement und Ihr Interesse nicht beschneiden, aber sorgen Sie dabei für etwas Distanz beziehungsweise für genügend Abstand. Seien Sie diskret und höflich, respektieren Sie die Privatsphäre Ihrer Kinder, und diese werden Ihnen auf die gleiche Weise begegnen. Ihre Aufgabe und Ihr Interesse als Mutter oder Vater bestehen nach wie vor darin, für Ihr Kind, für sich selbst und für die Beziehung zu Ihrem Kind Sorge zu tragen – jetzt allerdings auf andere Art und Weise, nämlich so, dass mit der Zeit eine echte Freundschaft zwischen Erwachsenen entstehen kann.

Die konstruktivere und überzeugendere Alternative ist es, die Rolle des »Sparringspartners« zu übernehmen. Dieser Begriff kommt aus dem Profiboxen, wo jeder aufstrebende Champion einen Sparringspartner hat, der ihm hilft, in Form zu kommen und die Meisterschaft zu gewinnen. Die

Aufgabe des Sparringspartners ist es, maximalen Widerstand zu bieten und minimalen Schaden anzurichten, auch das eine Form der elterlichen Führung. Der Widerstand ergibt sich aus Ihren Werten, Ihrer Erfahrung, Ihrem Überblick und Ihrer Weisheit, und all das müssen Sie Ihrem Kind im Teenageralter anbieten beziehungsweise mit alldem müssen Sie es konfrontieren, wann immer es Sie um Ihre Meinung oder Erlaubnis bittet oder etwas tut, mit dem Sie nicht einverstanden sind. Aber achten Sie darauf, das auf eine Art und Weise zu tun, die Ihrem Kind genug Raum lässt, sich selbst zu entscheiden und seinen eigenen Weg zu wählen. Denken Sie daran, dass der Sinn des Wachsens darin besteht, erwachsen und zu einer echten und eigenständigen Person zu werden und nicht bloß zu einem Klon. Indem Sie das tun, werden Sie den Prozess nicht behindern, und Sie können sicher sein, dass Ihr Kind Sie ernst nimmt – auch wenn Teenager das üblicherweise nicht offen zugeben.

Manche Teenager haben Phasen, in denen sie schlicht und einfach unerträglich sind. Falls Sie die Neigung dazu haben, Dinge persönlich zu nehmen, sollten Sie vielleicht bei der Neurowissenschaft Rat suchen – die berichtet, dass sich fünfundsechzig Prozent des Gehirns eines Teenagers während der Pubertät im Umbau befinden. Mit anderen Worten: Versuchen Sie, es nicht persönlich zu nehmen und es auch nicht als Beweis dafür zu sehen, dass Sie versagt haben. Das ist nur die Natur, die dort, wo bisher die Kultur herrschte, die Macht übernimmt. Das abschließende Feedback zu Ihren Bemühungen als Eltern werden Sie bekommen, wenn Ihr Kind selbst Vater oder Mutter wird oder wenn es dreißig wird. Was auch immer Sie dann sehen werden, es wird zu spät sein, Ihr Kind zu ändern, doch es ist nie zu spät, sich selbst zu ändern.

Sie sind jetzt frei, Ihr Leben, Ihre vernachlässigten Interessen und Ihren Partner in vollen Zügen zu genießen. Die Zeit der aktiven Führung ist vorbei – mit etwas Glück kommt Ihnen nun gelegentlich die Rolle der Beraterin, des Beraters zu, wenn Sie dazu eingeladen werden.

Ob Sie auf dem Weg Fehler gemacht haben? Oh ja – eine Menge! Die allerbesten Eltern, die ich kenne, machen jeden Tag etwa zwanzig Fehler, und wenn Ihr persönlicher Durchschnitt nicht über dreißig liegt, bleiben Sie locker und vergeben Sie sich selbst. Wenn Sie sich zu den Fehlern bekennen, die Sie bemerken, werden Sie nicht nur vermeiden, sich die ganze Zeit schuldig zu fühlen – Sie werden auch ein gutes Vorbild sein und Ihre Kinder werden Sie für immer lieben. Was wir heute als Eltern zu erreichen versuchen, ist allerdings wesentlich ambitionierter und anspruchsvoller – dass unsere Kinder so aufwachsen, dass sie auch sich selbst lieben!

Nach der Kindheit

Für einen Familientherapeuten ist es oft rätselhaft, dass das Interesse an der Eltern-Kind-Beziehung fast vollständig erlischt, sobald die Kinder das Haus verlassen. Wir wissen, dass die Qualität der Elternschaft und auch die Qualität der elterlichen Führung nicht nur in den ersten achtzehn Jahren des Kindes entscheidend für das Wohlergehen von Kindern und ihren Eltern ist – sie spielt auch in den darauffolgenden Jahrzehnten eine wichtige Rolle.

Ich spreche hier nicht von den Narben und dem selbstzerstörerischen Verhalten, mit denen viele Kinder in ihren Familien zu tun haben und die sie übernehmen. Diese Probleme sind bekannt, und über sie wird häufig diskutiert. Ich interessiere mich eher für die über fünfzig Prozent aller Familien, in denen die Beziehung zwischen Eltern und erwachsenen Kindern in einem Grad gestört ist, dass dies alle Beteiligten essenzieller Lebensqualität beraubt.

Wenn es um Familien beziehungsweise Großfamilien geht, dann stoßen wir schon innerhalb Europas auf enorme kulturelle Unterschiede, auch in Bezug auf Werte und Rituale. Es gibt die modernen, vorwiegend nordwestlichen »Ich-Familien«, die dazu tendieren, das Wohlbefinden des Einzelnen in den Vordergrund zu stellen, und es gibt die eher süd- und osteuropäischen »Wir-Familien«, die den Schwerpunkt darauf legen, die ganze Gruppe zusammen und zufrieden zu halten. Dazu haben wir noch Millionen Einwanderer, die der Tatsache gegenüberstehen, dass ihre Jugendlichen mehr persönliche Freiheit verlangen. Abgesehen von den kulturellen Aspekten erleben all diese Familientypen Varianten des gleichen grundlegenden existenziellen Konflikts: des Konflikts zwischen Anpassung und persönlicher Integrität. Dieser Konflikt ist ein ewiges Thema in allen Familien, und zu ihm gehören sowohl Phasen der Ruhe und der Harmonie als auch Schlachten und Kriege. Das Wichtigste für die Gesundheit aller Beteiligten und auch für die Familie als Ganzes ist, dass solche Konflikte innerhalb der Familie zum Vorschein kommen dürfen.

Als Mutter oder Vater von kleinen Kindern haben Sie die Möglichkeit, eine Menge Unglück und Entfremdung zu verhindern, indem Sie einige der von mir in den vorhergehenden Kapiteln ausführlich beschriebenen Aspekte in Ihren Führungsstil integrieren. Ihre persönliche Autorität und die Ihrer Kinder wird nicht nur dazu führen, dass Ihre Kinder sich sicher fühlen und Sie respektieren, sie wird Ihren Töchtern und Söhnen auch helfen, ein gutes Gespür für die eigenen Bedürfnisse, Wünsche und Grenzen zu entwickeln. Auf diese Weise werden sie stark genug, ihren eigenen Weg zu gehen, wann immer das nötig ist. Die persönliche Verantwortung jedes einzelnen Familienmitglieds wird für Ihre Kinder im Teenager- und im Erwachsenenalter den Weg bereiten, eher verantwortungsvoll als gehorsam zu werden. Diese beiden Folgen Ihrer elterlichen Führung werden dafür sorgen, dass Sie und Ihre Kinder sich nah sein werden, egal wie oft Sie sich sehen.

Es gibt eine Menge neuer Dinge, die beide Generationen lernen können. Die Zukunft von Mehrgenerationenfamilien, multikulturellen Familien und multireligiösen Familien ist nicht festgelegt, sondern vollkommen offen – und sie lädt uns alle dazu ein, uns einzubringen und zu ihrem Erfolg beizutragen.

14

Was tun, wenn das Rudel tollt?

Wie geht empathische Führung jetzt, in dieser Situation? Heute, morgen und übermorgen? Wenn das Kind ein paar Monate alt ist, wenn es zur Schule geht, wenn die Teenagerjahre schon längst da sind? Was soll ich tun, als Mutter, als Vater, als Großeltern? Natürlich ist, wie in den vorangehenden Kapiteln erläutert, der Abschied sowohl vom autoritären als auch vom antiautoritären Führungsstil zu begrüßen. Aber was dann? Kein Führungsstil ist ja auch keine Alternative. Nach dem großen Erfolg dieses Buches bot *SPIEGEL online* seinen Leserinnen und Lesern an, ihre dringendsten Erziehungsfragen zu schicken. Haben Sie ein Erziehungsproblem, das Jesper Juul für Sie lösen soll? Das fragte die Redaktion und wählte aus den vielen Leserzuschriften acht Fragen aus, die, zusammen mit den Antworten von Jesper Juul, viele Führungsthemen aufgreifen, die Eltern und andere Erziehende bewegen.

Soll ich mich aus den Kämpfen der Kinder heraushalten?

Großmutter: Ich (73) betreue meine Enkelkinder (ein Mädchen, elf Jahre, und einen Jungen, neun Jahre). Sie streiten viel. Diese Streitereien oder Kabbeleien enden regelmäßig in handgreiflichen Auseinandersetzungen. Vor allem der Junge, der kleiner und sehr temperamentvoll ist, wehrt sich mit Händen und Füßen. Versuche ich zu erklären? Ergreife ich Partei? Das ist sehr schwierig, weil sie dann in Rage sind. Am liebsten halte ich mich ganz raus, aber das nehmen sie – vor allem das Mädchen – mir sehr übel. Die Lösung ist immer unbefriedigend. Haben Sie einen Tipp?

Jesper Juul: Sich aus den Kämpfen Ihrer Enkel herauszuhalten ist keine so gute Idee. Die beiden leben offensichtlich in einer Familie, in der sie nicht lernen, einen Konflikt konstruktiv zu lösen. Ich nehme an, dass Sie es nicht mögen, dass die beiden so viel streiten? Wenn das richtig ist, schlage ich Ihnen vor, eine neue Gesprächskultur in Ihrem Zuhause einzuführen.

Setzen Sie sich mit den beiden bei einem Stück Kuchen zusammen und sagen Sie etwas wie: »Ihr zwei streitet sehr viel, mehr als mir lieb ist. Ich würde gern andere Wege suchen, wie ihr eure Konflikte lösen könnt. Ich weiß nicht, ob ich bessere Ideen habe als ihr, aber ich habe mir überlegt, dass ich ab jetzt folgendes tun werde: Wenn ich das Gefühl habe, dass es zu viel wird, werde ich euch bitten, euren Streit zu unterbrechen. Ich werde euch dann fragen, worum es geht. Und dann können wir gemeinsam nach einer friedvolleren Lösung suchen.«

Nach einigen Wochen werden die Streitereien an Heftigkeit verlieren, und Sie werden sich alle besser fühlen. Der ausschlaggebende Punkt ist, nicht mit Ärger oder Kritik einzugreifen, denn das vergrößert bei allen nur den Stress und die Hilflosigkeit – und führt am Ende zu noch mehr Konflikten. Als Großmutter haben Sie aber sicherlich einiges anzubieten an Weisheit und Erfahrung.

Meine Tochter klaut – was soll ich tun?

Mutter: Ich habe zwei Kinder (neun und vier Jahre alt) und bin in Teilzeit (25 Stunden pro Woche) berufstätig. Mein Mann arbeitet in Frankreich und ist daher nur am Wochenende zu Hause. Meine Tochter (sie ist neun) ist ein wahnsinnig liebes, herzensgutes und hochsensibles Mädchen. Wir haben ein sehr enges Verhältnis. Sie bekommt Taschengeld, mit dem sie machen darf, was sie möchte (wir halten uns an die Tabelle des Jugendamts). Ohnehin bekommt sie sehr viele Geschenke. Sie ist gut in der Schule, fröhlich und hat viele Freundinnen. Mit ihrem Bruder versteht sie sich bestens.

Vor kurzem hat sie bei den Nachbarn das Handy eingesteckt und mir erzählt, die Tochter der Nachbarn habe es ihr geschenkt. Was aber nicht stimmte, wie sich später herausgestellt hat. Sie hat auch schon herumliegende 20 Euro eingesteckt. Als ich das Geld später gesucht habe (wohl wissend, dass der Schein in ihrem Geldbeutel lag), hat sie es dann aber »gefunden«. Sie nimmt auch Geld aus ihrer Spardose und sagt dann, sie habe es auf der Straße gefunden, um sich einen Wunsch zu erfüllen (kurz nach Weihnachten).

Ich frage mich jetzt, ob ihr etwas fehlt (nicht materiell, sondern von uns Eltern). Sie schreiben, wenn ein Kind lügt, dann weil es weiß, dass die Eltern mit der Wahrheit nicht umgehen können. Was kann ich jetzt tun? Und: Muss ich mir Sorgen machen?

Jesper Juul: Wie Sie sicherlich wissen, gehen viele Kinder durch eine Phase, in der sie etwas wegnehmen oder stehlen. Daher ist das allein zunächst kein Grund, alarmiert zu sein. Wie Sie selbst sagen, ist es dennoch wichtig, dieses Verhalten ernst zu nehmen, neugierig und interessiert zu sein und zu versuchen zu verstehen, was da vor sich geht. Die Tatsache, dass Ihre Tochter in Bezug auf die Diebstähle lügt, ist ein gutes Zeichen. Denn damit zeigt sie Unrechtsbewusstsein.

Die Frage aber bleibt: Warum tut ein ausgeglichenes und intelligentes Mädchen wiederholt Dinge, von denen es weiß, dass sie falsch sind? An Ihrer Stelle würde ich mich mit ihr hinsetzen und etwas in diese Richtung sagen: »Wir wissen beide, dass du Dinge genommen hast, die dir nicht gehören, und wir wissen beide, dass das falsch ist, weil es andere Menschen verletzt und sie traurig und wütend macht. Ich habe ziemlich viel darüber nachgedacht, warum du das tust, aber ich weiß es einfach nicht. Mein erster Gedanke war, dass es vielleicht etwas in unserer Familie gibt, das dich unglücklich macht. Um herauszufinden, was es ist, brauche ich deine Hilfe. Hilfst du mir?«

Ich bin mir sicher, dass sie einwilligen wird, obwohl es für sie eine sehr unangenehme Situation ist. Stellen wir uns vor, sie antwortet: »Nein, es ist nichts.« Dann könnte Ihre Antwort lauten: »Wirklich? Ich kann mir nur schwer vorstellen, dass unsere Familie perfekt ist. Aber vielleicht ist sie das für dich?« Oder Sie fragen: »Was geht durch deinen Kopf, wenn du anderen etwas wegnimmst?«. Ihre Antwort wird höchstwahrscheinlich »Nichts« oder »Ich weiß nicht« sein.

Der Punkt ist, dass sie vermutlich selbst keine psychologische Erklärung für ihr Verhalten hat. Aber Ihre offenen und interessierten Fragen werden sie dazu bringen, darüber nachzudenken. Und wenn Sie das Gespräch kurz halten und es nach ein paar Tagen wieder aufnehmen, wird Ihre Tochter (oder Sie) möglicherweise Antworten haben. Vielleicht hört sie auch einfach auf zu klauen. Wenn sie damit aufhört was ich für wahrscheinlich halte -, können wir daraus nicht schließen, dass sie nicht genug Aufmerksamkeit von Ihnen bekommen hat.

Aber wenn Kinder Verhaltensweisen entwickeln, die nicht zu ihrem Charakter passen, brauchen sie immer unser Interesse und unsere Aufmerksamkeit. So, wie wir ihre Hilfe brauchen, sie und uns selbst zu verstehen.

Viel Glück!

Dürfen Kinder ins Elternbett?

Mutter: Mein Sohn, 14 Monate, schläft bei uns nur ein, wenn er an meinem Finger nuckelt. Schnuller oder den eigenen Daumen nimmt er nicht. Ich denke mir eigentlich, dass das nicht schlimm ist, er wird es schon nicht ewig machen. Mein Umfeld sieht das anders, es sei doch absolut furchtbar und wir müssten damit sofort Schluss machen.

Der zweite Punkt: Unser Sohn schläft nicht die komplette Nacht im eigenen Bett. Meist wird er irgendwann wach und dann holen wir ihn in unser Bett, wo er durchschläft bis morgens. Versuchen wir ihn nachts umzubetten, wacht er immer auf. Da wir in Ruhe schlafen wollen, schläft er eben bei uns weiter und wir alle haben eine ruhige Nacht. Auch aus Sicht unserer Eltern ein absolutes Unding, wir würden ihn nie wieder aus unserem Bett bekommen. Machen wir in diesen Punkten wirklich einen Fehler?

Jesper Juul: Lektion Nummer eins für alle Eltern: Wenn andere Menschen Ihnen erzählen, dass Sie etwas falsch machen, hören Sie nicht darauf – niemals. Das gilt auch für alles, was Sie in Büchern lesen und für meine Antworten. Wenn Sie sich wohlfühlen mit dem, was Sie tun und dadurch keine destruktiven Konflikte mit Ihrem Partner entstehen, machen Sie einfach mit gutem Gewissen weiter.

Warum macht der Siebenjährige in die Hose?

Großmutter: Mein siebenjähriger Enkelsohn macht immer noch in die Hose und zwar »klein« und »groß«. Das passiert meistens, wenn er intensiv beschäftigt ist, zum Beispiel beim Bauen von Lego. Er ist ein fröhliches, aufgewecktes und kontaktfreudiges Kind. Alle Versuche seitens der Kinderärztin und der Physiotherapeutin, ihm zu helfen, sind bisher fehlgeschlagen. Und es scheint, als ob er selbst gar nicht motiviert ist, dass sich etwas verändert.

Inzwischen ist das Problem zu einem Selbstläufer geworden: Die Beziehung zwischen seiner Mutter (meiner Tochter) und ihm ist belastet und er ist zunehmend von seinen Freunden isoliert (sie lachen ihn aus). Ich wäre Ihnen sehr dankbar, wenn Sie trotz dieser begrenzten Informationen einen Hinweis geben könnten, in welche Richtung eine Veränderung dieser Situation möglich wäre.

Jesper Juul: Ich hoffe, dass Sie meine Antwort auch Ihrer Tochter zeigen, daher schreibe ich an Sie beide. Die Fakten sind folgende: Ihr Sohn/Enkel macht in die Hose, und Sie als Mutter und Großmutter sind es leid, ihn und seine Kleidung immer wieder sauber machen zu müssen. Er verliert seine Freunde und je älter er wird, desto mehr negatives Feedback wird er von seiner Umgebung bekommen.

Mein Vorschlag ist, dass Sie ihm all das ruhig und freundlich erklären. Dann sagen Sie: »Du bist alt genug, um ins Badezimmer zu gehen, wenn du in die Hose gemacht hast, deine dreckigen Sachen auszuziehen, dich zu waschen und dir saubere Kleidung anzuziehen. So wirst du es ab jetzt machen. Ich kann mir vorstellen, dass sich das schrecklich für dich anhört und ich finde es auch nicht schön, dir das zu sagen. Aber ich habe versucht, dafür zu sorgen, dass du nicht mehr in die Hose machst. Das ist mir aber nicht gelungen. Jetzt bist du verantwortlich für deinen eigenen Körper. Sag mir bitte Bescheid, wenn ich dir helfen kann.«

Viele Familien haben diesen Ansatz im Lauf der Jahre verfolgt und bei den meisten von ihnen hat es geklappt. Der Schlüssel zum Erfolg ist aber, dass die Erwachsenen es ernst meinen (und nicht nur halbherzig eine neue Strategie ausprobieren). Sie müssen zum einen in die Fähigkeiten ihres Kindes vertrauen und zum anderen selbst so verantwortungsvoll sein, zuzugeben, dass sie mit ihren Bemühungen gescheitert sind.

Immer wieder höre ich, dass es als »schlechte Angewohnheit« oder »mangelnde Aufmerksamkeit« angesehen wird, wenn ältere Kinder in die Hose machen. Das könnte stimmen. Ihr Junge könnte aber auch eines von zahlreichen Kindern sein, die sich so verhalten, weil sie sich in der Familie nicht wohl fühlen.

Die Haltung seiner Mutter wirft in mir die Frage auf, ob sie es im Umgang mit Kindern (oder Leuten?) immer besonders genau nimmt und alles korrekt sein muss? Möglicherweise ist das Verhalten des Sohnes sein Weg, sich ihrer Ordnung zu widersetzen?

Ich bin immer wieder erstaunt, wenn Kinder aufgrund eines Symptoms zu einer Einzeltherapie geschickt werden. Meiner Erfahrung nach ist es viel besser, die gesamte Familie zu beraten. Nicht um die Eltern zu beschuldigen, sondern um mit ihnen einen neuen und besseren Weg zu finden, wie sie mit ihrem Kind in Kontakt treten können.

Wenn sich Mutter, Großmutter, zwei Therapeuten und viele andere so auf die »Gewohnheit« des Kindes fokussieren, warum sollte es dann die Verantwortung dafür übernehmen? Kinder haben ebenso wie Erwachsene den Hang, sich so lange an Symptome zu klammern, bis die wahren Ursachen entdeckt werden. Und das ist sinnvoll. Aber alle Erwachsenen im Leben des Jungen, die sich mit seinem Problem beschäftigen, haben dieselben Theorien und dieselben Herangehensweisen. Damit waren sie jedoch nicht erfolgreich. Das könnte darauf hindeuten, dass sie falsch liegen, sich etwas anderes einfallen lassen müssen und flexibler sein sollten.

Aggressiver Streit: eingreifen, ja oder nein?

Elternteil: Meine Kinder spielen viel miteinander, können sich aber auch ziemlich brutal und aggressiv streiten. Die beiden verbringen auch viel Zeit miteinander, und da ist Streiten wichtig. Doch immer wieder bin ich an dem Punkt, an dem ich nicht genau weiß, wann und ob ich eingreifen soll. Können Sie, Herr Juul, mir da Ideen an die Hand geben?

Jesper Juul: Der richtige Zeitpunkt einzugreifen ist, wenn einem von beiden körperlich wehgetan wird oder wenn Sie es nicht mehr aushalten können, ihnen zuzuhören. Ihre Haltung zu Konflikten erscheint mir gesund und differenziert, also sollten Sie auch Ihr eigenes Wohlergehen als wichtig gelten lassen.

Wenn Sie beobachten, dass Ihre Kinder sich immer wieder aufgrund eines bestimmten Themas streiten, sollten Sie einen ruhigen Moment ohne Konflikt abwarten und sich dann ein paar Minuten Zeit für ein Gespräch nehmen.

Besprechen Sie die Streitsituationen mit Ihren Kindern und suchen Sie gemeinsam nach alternativen Wegen, um die Probleme zu lösen. Kinder brauchen sehr oft Hilfe dabei, die eigenen Grenzen kennenzulernen und diese auch im Umgang mit anderen zu bewahren. Dieses »Training« unter Geschwistern kann eine sehr wertvolle Quelle für ihr Selbstwertgefühl und ihre sozialen Kompetenzen sein.

Was tun, um dem Kind die Angst zu nehmen?

Vater: Unsere Tochter ist vier Jahre alt und wird im März fünf. Seit ihrer Geburt haben wir Probleme, sie ins Bett zu bringen. Sie wacht regelmäßig zwei- bis dreimal nachts auf.

Zur Zeit haben wir wieder eine schwierige Phase, da sie Ängste hat – wovor, kann sie nicht genau definieren, manchmal erzählt sie uns von schlechten Träumen oder Hexen. Seit zwei Monaten schläft sie bei uns im Elternbett. Wir haben schon so viel ausprobiert: Nachtlicht, offene Türe, Kuscheltiere im Bett, viele Gespräche, Belohnung, wenn sie sich trotz Angst überwindet, im eigenen Bett zu schlafen, Verbot im Elternbett zu schlafen und so weiter.

Was können wir tun, um ihr die Angst zu nehmen oder damit umzugehen?

Jesper Juul: Lassen Sie mich damit beginnen, Ihnen ein Buch von Jan Uwe Rogge zu empfehlen: »Kinder haben Ängste«. Darin können Sie sich vielseitig inspirieren lassen, wie man mit Kindern und Angst umgehen kann.

Ich weiß nicht, welche Erfahrungen Sie gemacht haben, aber ich bin früher beispielsweise regelmäßig morgens um fünf Uhr aufgewacht, weil ich oft mehrere Tage hintereinander reisen musste. Selbst wenn ich nicht früh aufstehen musste, war ich um diese Uhrzeit wach.

Kindern geht es häufig ähnlich, dass sie scheinbar grundlos immer wieder zu einer bestimmten Uhrzeit aufwachen. Mit fünf Jahren ist Ihre Tochter aber alt genug, um einige Erwachsenen-Strategien als Alternative zum Weg in Ihr Bett zu lernen.

Sie kann beispielsweise ihr Licht anschalten und ein Buch »lesen«, sie kann beruhigende Musik hören, sie kann an die Decke schauen und über den kommenden Tag fantasieren, sie kann an ihren letzten Geburtstag oder ein anderes schönes Erlebnis denken. Auch Tiefenatmung zu üben ist eine Alternative: Angst und Tiefenatmung können nicht gleichzeitig bestehen. Bei den ersten Versuchen können Sie Ihre Hand auf den Bauch Ihrer Tochter legen, um ihr zu helfen. Aber sie wird schon sehr bald in der Lage sein, das selbst zu tun.

Der ausschlaggebende Punkt ist, dass Ihre Tochter versteht, dass sie selbst für ihren Schlaf verantwortlich ist und dass auch nur sie selbst sich dauerhaft helfen kann. Es ist natürlich etwas anderes, wenn sie wegen eines Albtraums aufwacht. Aber selbst in diesem Fall kann sie in ihrem Bett bleiben, während Sie sie beruhigen. Dadurch erlernt sie neue Wege, mit ihrer Angst umzugehen.

Die zugrundeliegende Botschaft muss lauten, dass nur Ihre Tochter erfolgreich mit ihrer Angst umgehen kann. Ihre Eltern, ein Freund oder zukünftiger Partner können eine Zeit lang ihre Hand halten, aber am Ende ist sie selbst verantwortlich. Momentan hat die Angst sie im Griff, aber mit Ihrer Hilfe, Kreativität und Unterstützung muss sie an den Punkt kommen, die Angst in den Griff zu bekommen. Momentan denkt sie noch, dass ihre Eltern ihr die Angst nehmen können, was aber nicht stimmt. Also führen Sie sie – so sanft wie möglich – hin zu ihren eigenen Fähigkeiten.

Unser Familienleben ist ein einziger Kampf

Mutter: Ich schäme mich entsetzlich dafür, aber inzwischen ist es so weit, dass ich meine Kinder wochentags zum spätestmöglichen Zeitpunkt aus der Betreuung abhole. Nur um das tägliche Theater und Geschrei auf ein Minimum zu reduzieren.

Mein Sohn, fünf, und meine Tochter, vier, sind in Kombination für mich/uns praktisch nicht mehr handelbar. Ständig fühlt sich einer benachteiligt, werden kleinste Ungerechtigkeiten zum großen Drama inklusive Geschrei. Obwohl wir erklären, predigen, schreien, strafen und wieder erklären, prügeln beide (aber insbesondere der Junge) aus kleinster Frustration auf den anderen ein. Die Aggression und Gewaltbereitschaft dabei macht mich oft sprachlos.

Das Zubettgehen oder morgens das Verlassen des Hauses sind ein einziges Schimpfen, Ermahnen, Drohen. Immer öfter erleben wir eine Spirale gegenseitiger Grenzüberschreitungen, gleichzeitig stumpfen die Kinder scheinbar ab – mittlerweile interessiert es keines der Kinder mehr wirklich, wenn ich laut werde. Der Großteil der gemeinsamen Zeit ist anstrengend, laut, konfrontativ, provokativ – einfach furchtbar. Und vor allem so fürchterlich weit weg davon, wie wir uns Familie wünschen.

Sicherlich kann nicht immer Harmonie herrschen, aber unser Familienleben ist ein einziger Kampf. Und irgendwie sind wir alle die Verlierer. Es geht so unglaublich viel gemeinsame Zeit verloren, die niemals wiederkommt. Nicht selten weine ich abends deshalb. Abgesehen davon habe ich ehrlich Angst, dass diese Aggressivität und Gewaltbereitschaft mit zunehmendem Alter zu einem immer gravierenderen Problem wird.

Liegt es an mir/uns? Was können wir nur tun? Ich weiß nicht mehr weiter.

Jesper Juul: Ich stimme Ihnen zu: Die Situation ist furchtbar. Alle leiden aufgrund der unzureichenden Führung in der Familie. Was Sie dringend brauchen, ist eine gute, mehrere Monate dauernde Familienberatung, bis Sie Ihre Führungsrolle wiedergefunden haben und sich darin wohlfühlen.

Mein Rat ist: Seien Sie sehr sorgfältig bei der Auswahl des Beraters. Viele fokussieren sich hauptsächlich auf die Symptome (nämlich das Verhalten des Kindes) und kümmern sich weniger darum, was eine gute Elternschaft bedeutet. Sollte Ihre Situation nach zwei bis drei Sitzungen unverändert sein, suchen Sie sich einen anderen Therapeuten.

Wie kriege ich meinen Sohn vom Bildschirm weg?

Mutter: Ich bin eine alleinerziehende Mutter von zwei Jungen und einem Mädchen. Manchmal stehe ich meinem fast 16-jährigen, ältesten Sohn gegenüber und fühle mich so hilflos, ohnmächtig und wütend, dass alle guten Vorsätze vergessen sind und immer wieder der gleiche Film abläuft. Der Konflikt: Ich will, dass er sich am Haushalt beteiligt und zumindest so viel für die Schule tut, dass er den Realschulabschluss schafft. Er will vor allem den ganzen Tag (und die ganze Nacht) sein Handy, iPod etc. zur freien Verfügung haben, was zur Folge hat, dass er sich mit nichts anderem mehr beschäftigt – wir haben es ausprobiert. Gemeinsam ausgetüftelte Regeln werden regelmäßig ignoriert, umgangen und immer wieder infrage gestellt. Entsprechend gibt es von meiner Seite Medienentzug, gegen massiven Protest seinerseits. Dann kracht es ziemlich und der altbekannte »Machtkampf« geht los, der unheimlich kräftezehrend und nicht zielführend ist und sicher nicht zu einer respektvollen Beziehung führt. Innerlich (und oft auch äußerlich) raste ich aus. Nach einer Weile ist wieder ein vernünftiges Gespräch möglich. Aber dann geht alles wieder von vorne los.

Ich weiß, dass ich verantwortlich dafür bin, und sehe nach einem Streit auch immer meine Unsicherheit und Inkonsequenz. Aber vielleicht haben Sie ja doch einen Rat für mich, wie ich aus dieser Spirale rauskomme?

Jesper Juul: Es ist schwierig für mich, Ihre Frage zu beantworten, weil ich nichts darüber weiß, wie Sie in den vergangenen 15 Jahren Interessenskonflikte mit Ihrem Sohn gelöst haben. Ein weiterer wichtiger Faktor scheint mir zu sein, dass Sie seine Mutter sind und er offenbar wenig Erfahrung und kein Rollenmodell dafür hat, wie Männer und Frauen sich über ihre Unterschiede auseinandersetzen können. Das könnte ein Grund sein, warum er sich Ihnen gegenüber mit all der Munition wappnet, die er zur Verfügung hat.

Mein Vorschlag ist, dass Sie mit ihm einen Waffenstillstand verabreden. Bitten Sie ihn, Ihnen fünf Minuten lang still zuzuhören. Sagen Sie dann folgendes: »Ich habe große Schwierigkeiten und weiß keinen Ausweg. Ich sehe zu, wie selbstzerstörerisch du dich verhältst, wenn du freien Zugang zu deinem Tablet und deinem Handy hast. Das macht mich sehr unglücklich. Aber so sehr ich mich verantwortlich dafür fühle, wie du dich verhältst, so sehr merke ich auch, dass ich es überhaupt nicht gut hinkriege. Deswegen will ich etwas verändern. Ich will (und nicht »ich möchte«) für einen Monat Waffenruhe zwischen uns, was das Thema Medien angeht. Lass uns uns in einem Monat wieder zusammensetzen und gemeinsam überlegen, wie wir langfristig damit umgehen können.«

Nach einem Monat setzen Sie sich natürlich wieder mit Ihrem Sohn zusammen. Ich mache diesen Vorschlag zu Ihrem Besten, damit Sie anstelle von Kapitulation und Selbstaufgabe nach einem anderen Weg suchen können, wie Sie Ihre Verantwortung tragen können. Sie, er und ich wissen, dass Ihr Sohn am Ende machen kann, was er will – und das vermutlich auch tun wird. Der Weg, nach dem wir suchen, ist der Weg, auf dem er selbst Verantwortung übernimmt für sein Leben.

Nach einem Monat werden Sie beide mehr darüber wissen, wie er sich verhält, wenn er nicht dauernd unter Druck steht. Dieses Verhalten können Sie als Ausgangssituation nehmen. Viele Jugendliche realisieren selbst, dass es nicht gut für sie ist, rund um die Uhr, sieben Tage die Woche vor dem Bildschirm zu sitzen. Andere begreifen das nicht.

Als Eltern können wir den Krieg beenden und auf das Beste hoffen. Wir können uns in positiver Beeinflussung üben, die Daumen drücken und in freundlichem Kontakt mit unseren Kindern bleiben.

Das schlimmste Szenario ist, dass Ihr Sohn viel verliert. Aber das liegt in seiner Verantwortung, wie auch immer wir es drehen und wenden. Sie können darüber weinen, wenn das passiert. Aber stellen Sie sicher, dass Sie mit ihm zusammen weinen und nicht allein.

Anmerkungen

1 Daniel N. Stern: *Die Lebenserfahrung des Säuglings.* Stuttgart, 2010

2 Jesper Juul: *Dein kompetentes Kind: Auf dem Weg zu einer neuen Wertgrundlage für die ganze Familie.* Reinbek, 2009

3 Günther Bloch und Elli H. Radinger: *Wölfisch für Hundehalter. Von Alpha, Dominanz und anderen populären Irrtümern.* Stuttgart, 2010

4 Jesper Juul: *Dein kompetentes Kind: Auf dem Weg zu einer neuen Wertgrundlage für die ganze Familie.* Reinbek, 2019
Jesper Juul und Helle Jensen: *Vom Gehorsam zur Verantwortung: Wie Gleichwürdigkeit in der Schule gelingt.* Weinheim, Basel, 2019

5 Am Ende einiger Kapitel finden Sie eine Elternfrage, die das jeweilige im Kapitel abgehandelte Thema praktisch illustriert. Entstanden sind diese Fragen in einer Fragerunde mit Eltern.

6 http://www.zeit.de/2015/32/eltern-kinder-work-life-balance

7 Günther Bloch und Elli H. Radinger: *Wölfisch für Hundehalter. Von Alpha, Dominanz und anderen populären Irrtümern.* Stuttgart, 2010, S. 142

8 Martin E. Seligman: *Erlernte Hilflosigkeit.* Weinheim und Basel, 2010

9 Jesper Juul: *Mann und Vater sein.* Freiburg 2022

10 Jesper Juul: *Was Familien trägt: Werte in Erziehung und Partnerschaft. Ein Orientierungsbuch.* Weinheim, Basel, 2013

11 Franz Fischer: *Proflexion und Reflexion: philosophische Übun-*

gen zur Eingewöhnung der von sich reinen Gesellschaft. Hrsg. von Wolfdietrich Schmied-Kowarzik. Wien, 2007

12 Jesper Juul: *Grenzen, Nähe, Respekt.* Reinbek, 2009

13 Daniel J. Siegel und Mary Hartzell: *Gemeinsam leben, gemeinsam wachsen: Wie wir uns selbst besser verstehen und unsere Kinder einfühlsam ins Leben begleiten können.* Freiamt im Schwarzwald, 2009 (Das ist vielleicht das beste Buch, das je für Eltern geschrieben wurde.)

Editorische Notiz

Dieses Buch entstand auf der Grundlage folgender Bände der familylab-Schriftenreihe:

01: *Frau & Mutter. Ein solidarischer Essay aus der Perspektive eines Mannes*

02: *Wollen wir wirklich starke und gesunde Kinder? Ein politischer Essay*

03: *Leitwolf sein. Elterliche Führung der Zukunft und ihr geschichtlicher Hintergrund*

05: *Werte in Familie und Partnerschaft. Was Familien brauchen und können.*

Bücher und DVDs von Jesper Juul

Bücher

JUUL, Jesper: *Aggression: Warum sie für uns und unsere Kinder notwendig ist.* Hrsg. v. Ingeborg Szöllösi. Frankfurt: S. Fischer, 2014

JUUL, Jesper: *Aus Erziehung wird Beziehung. Authentische Eltern – kompetente Kinder.* Hrsg. v. Ingeborg Szöllösi. Freiburg: Herder, 2005

JUUL, Jesper: *Aus Stiefeltern werden Bonus-Eltern. Chancen und Herausforderungen für Patchwork-Familien.* Weinheim und Basel: Beltz, 2015

JUUL, Jesper: *Das Familienhaus: Wie Große und Kleine gut miteinander auskommen.* München: Bassermann, 2022

JUUL, Jesper: *Das Kind in mir ist immer da. Mein Leben für die Gleichwürdigkeit.* Weinheim und Basel: Beltz, 2018

JUUL, Jesper: *Dein selbstbestimmtes Kind: Unterstützung für Eltern, deren Kinder früh nach Autonomie streben.* München: Penguin, 2022

JUUL, Jesper: *Dein kompetentes Kind. Auf dem Weg zu einer neuen Wertegrundlage für die ganze Familie.* Reinbek: Rowohlt, 2009

JUUL, Jesper: *Die kompetente Familie. Neue Wege in der Erziehung.* Weinheim und Basel: Beltz 2019

JUUL, Jesper: *Elterncoaching: Gelassen erziehen.* Weinheim und Basel: Beltz, 2022

JUUL, Jesper: *Es gibt keine unerreichbaren Jugendlichen! Wie wir mit unseren Kindern in Beziehung bleiben.* München: Kösel, 2023

JUUL, Jesper: F*amilienberatung: Worauf es ankommt, wie sie gelingt.* München: Kösel, 2015

JUUL, Jesper: *Fünf Grundsteine für die Familie: Wie Erziehung funktioniert.* München: Penguin, 2022

JUUL, Jesper / VOELCHERT, Mathias: *Geborgen und stark: Wie Eltern in Trennung Orientierung und Halt geben.* München: Kösel, 2022

JUUL, Jesper: *Grenzen, Nähe, Respekt. Auf dem Weg zur kompetenten Eltern-Kind-Beziehung.* Reinbek: Rowohlt, 2009

JUUL, Jesper: *Leitwölfe sein. Liebevolle Führung in der Familie.* Weinheim und Basel: Beltz, 2024

JUUL, Jesper: *Liebende bleiben. Familie braucht Eltern, die mehr an sich denken.* Weinheim und Basel: Beltz, 2021

JUUL, Jesper: *Mann und Vater sein.* Hrsg. v. Ingeborg Szöllösi. Freiburg: Herder, 2022

JUUL, Jesper / HØEG, Peter / BERTELSEN, Jes / HILDEBRANDT, Steen / JENSEN, Helle / STUBBERUP, Michael: *Miteinander. Wie Empathie Kinder stark macht.* Weinheim und Basel: Beltz, 2014

JUUL, Jesper: *Nein aus Liebe: Klare Eltern – starke Kinder.* Weinheim und Basel: Beltz, 2014

JUUL, Jesper: *Pubertät – wenn Erziehen nicht mehr geht: Gelassen durch stürmische Zeiten.* München: Penguin, 2022

JUUL, Jesper: *Respekt, Vertrauen & Liebe. Was Kinder von uns brauchen.* Weinheim und Basel: Beltz 2020

JUUL, Jesper: *Unser Kind ist chronisch krank. Ein Ratgeber für Eltern.* Weinheim und Basel: Beltz, 2014

JUUL, Jesper: *Vier Werte, die Kinder ein Leben lang tragen.* München: Gräfe und Unzer, 2012

JUUL, Jesper: *Vier Werte, die Eltern und Jugendliche durch die Pubertät tragen.* München: Gräfe und Unzer, 2021

JUUL, Jesper / JENSEN, Helle: V*om Gehorsam zur Verantwortung. Wie Gleichwürdigkeit in der Schule gelingt.* Weinheim und Basel: Beltz, 2019

JUUL, Jesper: *Was Familien trägt. Werte in Erziehung und Partnerschaft. Ein Orientierungsbuch.* Weinheim und Basel: Beltz, 2013

JUUL, Jesper: *Wem gehören unsere Kinder? Dem Staat, den Eltern oder sich selbst? Ansichten zur Frühbetreuung.* Weinheim und Basel: Beltz, 2012

JUUL, Jesper: *Wir sind für dich da. 10 Tipps für authentische Eltern.* Freiburg: Kreuz, 2014

DVDs – eine Auswahl

JUUL, Jesper / JENSEN, Helle: *Die 9. Intelligenz – die Intelligenz des Herzens.* DVD. München: familylab, 2010

JUUL, Jesper: *Was erzieht wirklich? »Die kompetente Familie«: Ein Vortrag von Jesper Juul auf DVD.* Weinheim und Basel: Beltz, 2010

JUUL, Jesper: *Wenn Kinder Jugendliche werden. Ein Vortrag von Jesper Juul auf DVD.* Weinheim und Basel: Beltz, 2010

Im Buch erwähnte Literatur

BLOCH, Günther / RADINGER, Elli: *Wölfisch für Hundehalter. Von Alpha, Dominanz und anderen populären Irrtümern.* Stuttgart: Franckh-Kosmos, 2010

FISCHER, Franz: *Proflexion und Reflexion: philosophische Übungen zur Eingewöhnung der von sich reinen Gesellschaft.* Hrsg.: Wolfdietrich Schmied-Kowarzik. Wien: Passagen Verlag, 2007

SELIGMAN, Martin E.: *Erlernte Hilflosigkeit.* Weinheim und Basel: Beltz, 2010

SIEGEL, Daniel J. / HARTZELL, Mary: *Gemeinsam leben, gemeinsam wachsen: Wie wir uns selbst besser verstehen und unsere Kinder einfühlsam ins Leben begleiten können.* Freiamt im Scharzwald: Arbor, 2009

STERN, Daniel N.: *Die Lebenserfahrung des Säuglings.* Stuttgart: Klett-Cotta, 2010

Über den Autor

Jesper Juul (1948 – 2019) war Lehrer, Familientherapeut, Konfliktberater und Autor. Er wurde in Dänemark geboren und lebte dort den größten Teil seines Lebens. Jesper Juul gehörte zu den großen Impulsgebern für eine Pädagogik der Zukunft. Als einer der innovativsten Familientherapeuten Europas unterstützte er mit seinen 2004 gegründeten Familienwerkstätten »familylab international« Eltern dabei, eine authentische und respektvolle Führungsrolle in der Familie einzunehmen.

Seine Biografie ist so vielseitig wie seine Pädagogik. Er ging mit 16 zur See, arbeitete als Koch und Kellner, studierte Religion und europäische Ideengeschichte, wurde Vater und arbeitete mit straffälligen Jugendlichen. In Holland und den USA bei Walter Kempler bildete er sich zum Familientherapeuten weiter. Lange Jahre war er Leiter des von ihm gegründeten »Kempler Instituts Skandinavien«. Kempler gehörte zu denjenigen Mitarbeitern von Fritz Perls, die die Gestalttherapie seit Mitte der 1970er-Jahre nach Europa brachten. Jesper Juul entwickelte daraus eine eigenständige Therapie- und Beratungsform: Kurzzeitinterventionen mit der ganzen Familie und eine spezifische Beratungspraxis, die von einer natürlich vorhandenen sozialen Kompetenz des Kindes und der

Gleichwürdigkeit von Kindern und Erwachsenen ausgeht. Jährlich arbeitete er drei Monate unentgeltlich als Betreuer von traumatisierten Kindern, Flüchtlingen und Kriegsveteranen in Kroatien.

Jesper Juul war Autor von über 40 Büchern und DVDs, die in viele Sprachen übersetzt wurden. Er war Vater eines Sohnes und Großvater zweier Enkelsöhne.

Weitere Informationen zu Jesper Juul und familylab unter:
www.familylab.de
www.familylab.at
www.familylab.ch
www.familylabassociation.com
www.ddif.de
www.igfb.org

familylab – die Familienwerkstatt

familylab bietet Eltern wertvolle Inspiration und Beratung. Wir ermuntern Eltern, gemeinsam zu erforschen, wer sie sind und was sie sich wünschen – bezogen auf ihre Familie im Allgemeinen ebenso wie auf aktuelle Konflikte, die sie erfahren. *familylab* gibt es in vielen Ländern: Slowenien, Schweiz, Schweden, Norwegen, Frankreich, Deutschland, Polen, Kroatien, Serbien, Österreich, Lettland, Luxemburg, Niederlande, Kanada, Ecuador, Italien, Belgien, Australien, Bulgarien, Türkei, Tschechien, Dänemark, Bosnien & Herzegowina, Irland, Island, Sambia, Sri Lanka.

Was Sie als Eltern von familylab erwarten können

Wir bieten Ihnen Beratung, Vorträge und Workshops durch qualifizierte Fachleute in Ihrer Nähe. Im Internet finden Sie umfangreiche Informationen rund um das Zusammenleben in der Familie, dazu kostenlose Videos, Downloads, Interviews, Veranstaltungshinweise, Bücher/DVD-shop, den *familylab*-newsletter und vieles mehr.

familylab für Firmen und Schulen

Wir bieten Inspiration, Vorträge und Workshops für Firmen und ihre Mitarbeiter sowie für Schulen, Leitungsteams und Lehrer an. Schreiben Sie uns!

Weiterbildung zur familylab-Seminarleiterin/zum familylab-Seminarleiter

Wenn Sie Eltern mögen und vertrauen und wenn Sie mithelfen wollen, dass die Beziehungen zwischen Eltern und ihren Kindern noch besser werden, dann beachten Sie unser Weiterbildungsangebot zur *familylab*-Seminarleiterin/zum *familylab*-Seminarleiter. Wir suchen Fachleute mit mindestens fünf Jahren Berufserfahrung, die sich für ein neues, außergewöhnliches Projekt für Eltern in Deutschland/Österreich/der Schweiz engagieren wollen. Wir bieten Ihnen ein intensives, achttägiges Training mit einem zertifizierten Abschluss durch *familylab* an sowie fortlaufende qualifizierte Weiterbildungen. Das Training findet auf Deutsch statt.

Alle Institute von *familylab* bieten Beratung, Vorträge und Workshops für Eltern wie auch für Firmen und Schulen an sowie Weiterbildungen für Fachleute.

Deutschland
familylab.de
familylab Deutschland GmbH
Leitung: Heidy de Blum
0 15 73-9 60 24 34
info@familylab.de
www.familylab.de

Österreich
familylab.at
Katharina Weiner GmbH
Hagenberggasse 11
A-1130 Wien
00 43-(0)66 41 41 66 33
info@familylab.at
www.familylab.at

Schweiz
familylab.ch
Family Management GmbH
Caroline Märki-von Zeerleder
Lindenhofrain 6
CH-8708 Männedorf
00 41-(0)78-7 88 38 79
cmaerki@familylab.ch
www.familylab.ch